教師・子どもワクワク！

小学5年 理科

全単元 スライド ＆ワークシート

生井光治 著

学芸みらい社
GAKUGEI MIRAISHA

はじめに

子どもが前のめりになる授業

　初めて教壇に立ち、朱書き教科書や指導書をトレースする段階の次なるステップとして多くの先生方が目指すのは、子どもが課題と主体的に向き合い、前のめりになるような授業なのではないでしょうか。

　そんな憧れを抱きつつも、理科の授業にその難しさを感じていたり、初めて理科専科や教科担任制で理科を教えることになったりして、戸惑いや不安を抱えている方が多くいらっしゃいます。また、子どもの「理科離れ」が叫ばれる中で、授業改善に取り組みたいと希望に燃えている方もおられるでしょう。

　そのような先生方が、理科の学習を前のめりに楽しむ児童を
目の前にして、ワクワクしながら授業されるような姿を思い描
きながら本書を執筆しました。

　本書を手に取ってくださり、ありがとうございます。

はじめまして

　自己紹介が遅れました。私は、新卒から東京都で18年間教員をしてきました生井光治です。これまで、大学院で研究したこともなければ、学会で発表したこともなく、正直に言ってしまうと、理科の専門家でもありません。地道に、ただ地道に、目の前の子どもたちの目がいかに輝くかについて、一瞬一瞬向き合ってきました。

　理科のスペシャリストとは言えないからこそ、教科を超えて大切にすべき視点や、どの先生でも再現できる授業づくりという点を特に意識しました。

誰でもできる

OJTをする立場になって…

　教員生活も10年を超えたあたりから、後輩から助言を求められることが増えてきました。必要とされるということは、この上なく幸せで、ありがたいことです。授業を見せてもらい、放課後にアドバイスしました。熱心な若手の先生は一生懸命に話を聞いてくれました。

　そんな中、ふと思ったのです。この授業について助言しても、この先生が同じ授業をするのは一体何年後なのだろうと。若い先生方は、「もう終わってしまったその授業」について「あと出しじゃんけん」的に教えてもらいたいわけではなく、明日の授業、来週の授業をどうすべきかを学びたいのだと気付いたのです。この気付きから、私はOJTのスタイルを大きく転換させました。

若手との伴走から誕生した本書

> **On the Job Training**
> 実務を通してマンツーマン指導により知識・スキルを身につける育成手法。

　私がOJTで、まず変えたことは「順序」です。

　かつての戦争の開戦時、連合艦隊司令長官でありながら、冷静に戦局を見極め、最後まで戦争に反対していたとされる山本五十六の下記の言葉が、私の指針です。

やってみせ
言って聞かせて
させてみて
誉めてやらねば
人は動かじ

順序が大切

　OJTの目的は、若手の先生にダメ出しすることでも、無責任に誉めることでもありません。その先生が「自力で」授業づくりできるように伴走することです。だからこそ、まず自分の授業を見てもらうことを大切にしました。それもとびきりスペシャルな授業ではなく、誰にでも再現でき、再現したくなるような日常の一コマを。

　そのような伴走の中からでき上がった手立ての1つが本書です。若手の悩みに寄り添った結果、理科の難しさの本質を見極め、解決策の1つを見出すことができたと思っています。

　それでは、あなたの授業づくりがワクワクするものになり、「マメ助」が、あなたの教室にお邪魔できることを楽しみにしています！

目次

**教師・子どもワクワク！
小学５年理科 全単元スライド＆ワークシート**

「人のたんじょう」

本書＆スライド　ストーリーの主人公

　ある学校に、理科の実験で使ったインゲンマメを家に持ち帰り、大切に大切に育てた5年生がいた。

　マメが収穫できると、次の年、また次の年と愛情を込めて育て続けたある年。いつものようにインゲンマメに「おはよう。大きくなあれ！」と話しかけると、「おはよう！君のおかげでこんなに大きくなれたよ！」と登場したのだ！

理科は大変!?

～難しさの本質を考える～

本当に理科は大変なのか

　理科の授業を苦手としている教師はとても多い。面倒くさいと思っている教師も多い。まあ、確かに面倒くさい。教科書とノートだけで成立する教科ではないためだ。ただ、体育の用具や学習カードを準備したり、家庭科で調理実習や裁縫の準備をしたり、図工で教材・教具を準備したり、国語で漢字や文章のチェックをしたりすることに比べて、理科の準備は学年で共有できることも多いので、理科の準備だけが特別に大変ということもないのではないだろうか。

　また、安全管理の大変さも聞こえてくる。しかし、これまた火や包丁を扱う調理実習、彫刻刀や電動のこぎりを扱う木工作、毎時間ケガのリスクがある体育の授業をしている読者なら、理科の安全管理だけが難しい、怖いということはないはずだ。

　例えば、体育の陸上運動もボール運動も得意で、大変意欲的に取り組む児童。

　この子が、水泳のときだけ「水着になるのが面倒くさい」「疲れるからいやだ」ととても後ろ向きになる。

やった！
次は体育だ
早く着替えよう

プールかあ
着替えるの
面倒だなあ
疲れるし

あんなに運動好きなのに
どうしたんだろう……

　担任であるあなたは、この子は「着替えたり、運動したりするのが嫌なんだな。」とは、まず思わないだろう。そう、問題は他にあるのだ。

　ではなぜ、理科は「苦手な教科代表」のような扱いを受けているのだろうか。私は、理科授業の難しさの本質は右ページの2点だと捉えている。

理科の難しさ　その1

　1つは、既有知識と経験の差に大きく左右されることにより、「賢い子に対しては『すでに知っていること』を教える」という点だ。発問をしても、いわゆる「正解」を知っている子が答え、「あの子が言うのだからそうだろう。」という空気が流れる。するとユニークな考え方をする子の予想が埋もれる。出来レースのような実験をすることになり、まるで「○○君の頭の良さを証明する時間」のようだ。実験によって教科書通りの結果が得られなかった場合に至っては、

一撃必殺の決め台詞
「本当はこうなるんだよ！」

と、教師までも「○○君の頭の良さの証明」に必死になる。

　算数にだって、既有知識の差はあるが、問題数を多くこなしたり、発展問題に挑戦したりと、個別最適化がしやすい。習熟度別学習も進んでいる。しかし理科は、全員を同じ土俵に立たせて予想や仮説を交流することが前提となるが、それが難しい教科だと言える。

理科の難しさ　その2

　もう1つは、課題を自分の問題として捉えさせるのが難しいという点である。学年が上がるにつれて、扱う内容は実生活とのつながりを見出しづらくなる。

　ある教科書の5年「ふりこの動き」の導入では、まず唐突にふりこを渡し、音楽に合わせて揺らさせる。ふりこが揺れる様子から問題を見出すことをねらっているのだが、子どもからしたら「何でいきなりこんなことやらされてるんだ？」という話である。やりたいと思える必然性がない。これでは、まるで催眠術を掛け合っている怪しい集団だ。

　これまでに、実験の準備やアイディア、安全指導の具体例などについては、数多くの本が出版され、インターネットでも調べられるが、これら教科の特性（授業づくりの難しさ）に着目し、それを解決するような本は、少ないように思う。そこにアプローチしたのが本書だ。

本書の特徴

～誰でもすぐにできるパッケージ～

"It's Automatic."

　多くの教師は、子どもが目を輝かせて主体的に学び、自分の考えを嬉々として友達に語り、確かな力が習得できるような授業を目指している。それこそ、「主体的、対話的で深い学び」などと言われるはるか昔から。だからこそ、そのような授業を理想とすればするほど、それと逆行するような授業になってしまうと教師自身が落ち込み、苦手意識を増幅させてしまうのではないかと思う。

　そこで本書では、第5学年の理科で扱う全単元について、本書を手に取った全ての先生が、オートマチックに単元の導入と展開、まとめができるよう、以下の5つをパッケージ化している。

端末を選ばず すぐに使える単元の導入スライド	ストーリー仕立てで子どもの食いつきが「半端ない」
スライドの台本	これさえあれば今すぐ授業できる
指導上の留意点や 予想される児童の反応	児童の反応が想定できていれば 無理矢理レールに乗せようと焦る必要もない
単元の指導計画例	導入がうまくいけば単元の9割は成功 したようなものだが、深い学びへの道筋
主なワークシート	コピーしてすぐ使う or データで配布するデジタルワークシート

　本書の構成は、前半が「理論編」、後半が「実践編」となっているが、「明日から始まる新しい単元の授業」に悩んでいるタイミングの読者のために、「理論編」はすっ飛ばし、いきなり「実践編」にあるその単元のページを開いても、すぐに授業できるように構成してある。

「理科離れ」とは？

　令和4年度全国学力・学習状況調査では、4年ぶりに理科のテストが実施された。前回（平成30年度）は中学生を中心に「理科離れ」に警鐘が鳴らされ、授業づくりの見直しが求められた。その成果を問う意味でも、令和4年度の結果はどうだったのだろうか。

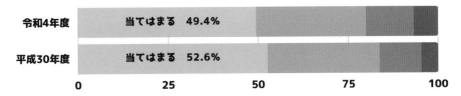

令和4年度	当てはまる　49.4%				
平成30年度	当てはまる　52.6%				
0	25	50	75	100	

　なんと、授業づくりの見直しが求められたにも関わらず、小学6年生で「理科の勉強は好きですか。」の問いに「当てはまる」と答えた児童は減少し、ついに半数を切ってしまった。

　ちょっと待って。子どもになったつもりで冷静に考えてみよう。暗記教科でもなく、難しい計算も必要ない。手を動かして実験をしたり、ものづくりをしたり、生き物を育てて観察したり…えっ！楽しくないの？？

センス・オブ・ワンダー

　環境問題の古典「沈黙の春」の著者レイチェル・カーソンは、著書「センス・オブ・ワンダー」の中でこのように述べている。

> 　子どもたちの世界は、いつも生き生きとして新鮮で美しく、驚きと感激にみちあふれています。残念なことに、わたしたちの多くは大人になるまえに澄みきった洞察力や、美しいもの、畏敬すべきものへの直感力をにぶらせ、あるときはまったく失ってしまいます。（中略）
> 　妖精の力にたよらないで、生まれつきそなわっている子供の「センス・オブ・ワンダー」をいつも新鮮にたもちつづけるためには、わたしたちが住んでいる世界のよろこび、感激、神秘などを子どもと一緒に再発見し、感動を分かち合ってくれる大人が、すくなくともひとり、そばにいる必要があります。

　授業として日々子どもに寄り添う教師こそが、「すくなくともひとり、そばにいる必要がある」「感動を分かち合ってくれる大人」となるためにも、ワクワクする理科授業を共に作っていきたい。

導入の大切さ

～課題を「自分事」にさせる鍵～

美味しいジャムは美味しいパンに塗ろう

　軽井沢のジャム屋さんに行くと、所狭しと様々な種類のジャムが美しく並んでいる。同じイチゴでも品種によって数種類常備されている。どれも間違いなく美味しい。数十分かけて（時にはジャム屋さんをはしごして）無添加で粒よりのジャムを選ぶ。そして、家に帰って食べるのだ。スーパーで買った、一番安い添加物たっぷりの食パンに塗って。

　同じようなことが今、我々教師が授業力を高めようとするときに起こっていないだろうか。

　大きな書店に行くと、とても耳触りの良いワードが目に飛び込んでくる。そのどれもが素晴らしい学びの形であると思う。しかし、その全てを網羅した学び方をさせることは不可能だ。「きっと素晴らしいだろうな。」と思いながらも、我々は、それらから「より魅力を感じるもの」を選択して、手立てとしていく。いや、手立てになるかどうか試行錯誤し、吟味しながら授業力を高める努力をしている。しかし、どの手立てにも共通する土台となる「パン」にあたる部分をおろそかにしては、上に塗る「素晴らしいジャム」との相性は悪い。

　もちろん、授業力の土台といっても様々に細分化することができる。ただ、上に挙げたワードを適える1つの共通点があるとすれば、それは「導入」であろう。子どもたちが、これから学ぶ「対象」について、「学びたい」と思えているかどうか。それが問われている。

美味しいパンは導入にあり

　11ページでレイチェル・カーソンの言葉を紹介したが、同書「センス・オブ・ワンダー」にはこのようにも書かれている。

> 　美しいものを美しいと感じる感覚、新しいものや未知なものにふれたときの感激、思いやり、憐れみ、賛嘆や愛情などのさまざまな形の感情がひとたびよびさまされると、次はその対象となるものについてもっとよりよく知りたいと思うようになります。そのようにして見つけだした知識は、しっかりと身につきます。
> 　消化する能力がまだそなわっていない子どもに、事実をうのみにさせるよりも、むしろ子どもが知りたがるような道を切りひらいてやることのほうがどんなにたいせつであるかわかりません。

　この「子どもが知りたがるような道を切りひらいてやる」行為こそ、まさに単元の導入に他ならない。「知りたい」のパンの上だからこそ、様々な美味しいジャムがマッチするのだ。そして、安心してほしい。実は、本当に美味しいパンは、何もつけなくてもそのままで十分旨い。子どもが「知りたい」と思った単元の導入ができれば、次の時間を楽しみにする。「早く次の理科にならないかな。」と期待する。「いつやるんですか？」と前のめりに聞いてくる。そんな授業を可能にする1つの手法が、ストーリー仕立ての導入だった。

教師がワクワクする授業を

　本書のタイトルには、「子ども」だけでなく「教師がワクワクする」とある。これは、理科の授業力を高めるためにどうしても外せない。なぜなら、教師自身がワクワクしていなければ、「感動を分かち合う大人」になどなれないからだ。理科が苦手なのにワクワクなどできないと思うかもしれない。

　だが、1単元でもこのスライドを使えば分かってもらえるだろう。子どもがワクワクする姿を想像できるようになって、いつしか教師自身がワクワクしているのだ。

　不覚にも、1つの導入が終わったばかりなのに、もう次の単元の導入をやりたいなどと思ってしまうほどだ。学校公開や授業参観にも積極的にぶつけたくなる。そんな声が、よく聞こえてきた。

「科学的」とは

「科学的」かどうかの定義

　私たち人類にとって、未知との戦いであった新型コロナウイルスの流行。ワクチンや新薬の開発が急がれる中、政治家の答弁や報道の中で、「エビデンス」という用語をたくさん耳にした。対義語（？）の、「それってあなたの感想ですよね？」も同じくらい耳にしたが。

　エビデンスとは、使う場面によって解釈の幅が異なるのだが、医学の分野でエビデンスと言うときは、「科学的根拠」を意味するようだ。示された根拠が科学的かどうか、さあ理科の出番である。

　では「科学的」なのか「科学的ではない」かの線引きはどこか。学習指導要領には、科学がそれ以外の文化と区別される基本的な条件として、以下の３つが示されている。

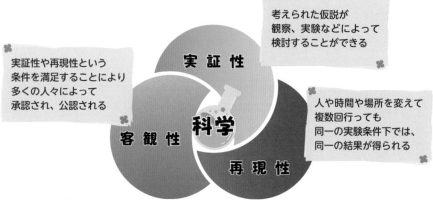

考えられた仮説が観察、実験などによって検討することができる

実証性や再現性という条件を満足することにより多くの人々によって承認され、公認される

人や時間や場所を変えて複数回行っても同一の実験条件下では、同一の結果が得られる

実証性

客観性

科学

再現性

　どの教科でも、「問題解決」の力を育てることは大切だ。だが、問題解決のさせ方に教科の特性が表れる必要がある。「問題を科学的に解決するために必要な資質・能力を育成する」ことが理科の目標であるからだ。つまり、「実証できるかな」「再現できるかな」「認めてもらえるかな」という手続きを重視することが、理科の授業づくりでは大切なのだ。

しゃっくりを止める方法

　私の身近に起こった出来事について、科学的に検証したい。

　私の長女は、よくしゃっくりをする。あまりに長く続くので、いろいろな方法を試した。呼吸法や驚かす方法など、有名な方法を試みるが、なかなか止まらない。

　ある時、一緒にキャンプに行った元同僚が、私の長女のしゃっくりを見て、「止める方法を教えてあげるよ。」と言った。それは、コップに入れた水を、飲み口の反対側で前かがみになりながら飲むという方法だ。まさかと思いながら試すと、なんと一発で止まったのだ。実証性は◎ということになる。

　次は再現性だ。娘はそれ以来、しゃっくりが出るたびに、この方法により毎回一発でしゃっくりを止めている。時間や場所を変えても、同一の結果が得られるのだ。ただし、他の誰でもこの方法でしゃっくりを止められるのかという検証は不十分だ。再現性△というところか。

　さて、客観性だ。読者の中で、この方法を知っていて、ライフハックとしている人はほとんどいないだろう。客観性は×に近い。

　つまり、しゃっくりを止めるこの方法に、（現時点で）科学的根拠「エビデンス」はないということになるだろう。

鼻血を止める方法

　5年体育科保健領域「けがの手当て」で、鼻血が出たときに「首の後ろを叩かない」と教科書に書いてある。「誰もそんなことしない！」と子どもは笑いながら言う。同様に思う読者もいるだろう。

　信じられないかもしれないが、私が子どもの頃、鼻血が出ると母親に首の後ろをかなりの強さで複数回「空手チョップ」された。普通にすごく痛い。だが、母は真面目な顔でチョップを繰り返すのだ。

　私の母がおかしかったのではない。教科書に書かれるくらいだから、日本全国で鼻血アフターケアとしてチョップが行われていたのだ。つまり、大いに客観性が認められていたのだ。しかし、実証できるわけも再現できるわけもない。首の後ろを叩いても何の意味もないと知った時の私の絶望感……科学的に問題を解決することの大切さが伝わってほしい。

理科の見方

教科の見方とは…

　「教科の見方・考え方」と聞いて、どのようなイメージをもつだろうか。「そんな小難しい話はいい。明日の授業をどうするかでいっぱいいっぱいだ。」そんな声が聞こえてきそうだ。だが、現行の学習指導要領は、各教科の「見方・考え方」が強調されたフレームだ。全ての教科の「見方・考え方」について、ここで論じることはできないが、まだよく分かっていないという方であれば、まさに大チャンス到来と言える。

　理科における「見方・考え方」は、どの教科よりも分かりやすく整理されていると私はいつも感謝している。子どもにとっての道しるべであると同時に、私たちの授業づくりの道しるべでもあるからだ。

　そう、「理科の見方」は「教師の味方」なのだ。

我は味方なり

理科の見方を味方につける

　さて、理科においての「見方」とは、目の前の物（生き物）や起こる出来事にどう関わるかという学びのベクトルである。小学校理科には4つの領域があるが、どの領域の学習で、主にどのような見方を働かせるべきかということが学習指導要領で明確に整理され、極めて捉えやすくなった（右ページを参照）。

　例えば、「メダカの誕生」では、卵の中でどのように変化していくかについて予想したり、観察したりする。その際、生命領域で働かせるべき主な見方「共通性・多様性」を、子供が味方につけられるように、課題との出合い方をプロデュースする。つまり、「インゲン豆は、発芽のためのエネルギーが子葉に含まれていたけど、メダカの卵はどうだろう。」という思考が働くようにしたいのだ。

　各単元で大切にすべき「理科の見方」が自然に働くことを意識して、本書の導入ストーリーを紡いでみた。どうか味方につけてほしい。

　学習指導要領に示されている「理科の見方」は領域ごとに下記のようになっている。5年生で扱う単元をイラストで表した。8種類の視点は、それぞれの領域で完全に分離されているわけではなく、他の領域でも用いられる。また、これ以外にも「原因と結果」「部分と全体」「定性と定量」など、理科の見方は他にもあることを補足しておく。

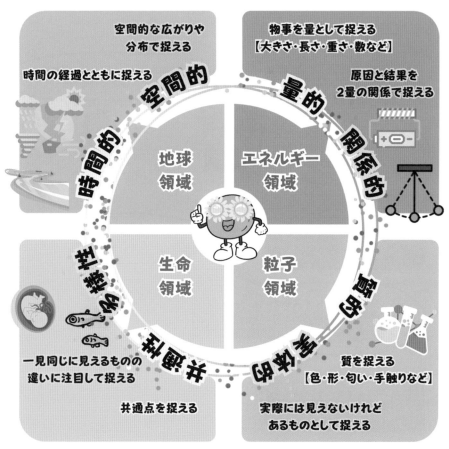

空間的な広がりや分布で捉える

物事を量として捉える【大きさ・長さ・重さ・数など】

時間の経過とともに捉える

原因と結果を2量の関係で捉える

時間的　空間的　量的・関係的

地球領域　エネルギー領域

生命領域　粒子領域

多様性・共通性　質的・実体的

一見同じに見えるものの違いに注目して捉える

共通点を捉える

質を捉える【色・形・匂い・手触りなど】

実際には見えないけれどあるものとして捉える

　8種類の視点については、なんと、NHK for Schoolの中学生・高校生向けの番組「ACTIVE10」で大変分かりやすく解説されている。むしろ教師必見なので、ぜひ紹介したい。

マメック星人マメ助

～大切なおとぼけキャラ～

理科授業あるある

　前述したように理科授業は、全員を同じ土俵に乗せるのが難しい。だから、発問を吟味しなければならないが、こんな経験はないだろうか。

ケース①　簡単すぎ発問

メダカを1匹水槽に入れたんだけど、いつまでも卵を産まないんだよね。何でかな。

オスとメスがいないとダメじゃん。簡単すぎて、答えるのも恥ずかしい。

ケース②　ミスリード下手

いやいや、メダカにオスもメスもないでしょう。メダカはメダカ、みんな同じだよ。

この感じのとき、先生はいつもわざと間違いを言ってるんだよな。

ケース③　全部言われちゃう

メダカのオス・メスはヒレで見分けがついて、メスが産む卵にオスが精子をかけて受……

はいそこまで。もう言わないで。

マメ助の役割

　何を隠そう、私も左ページのような残念な展開の授業を数多くしてきた。その度に、もっと全員が前のめりになるような課題提示の仕方はないものかと、発問の中身や文言、タイミングを吟味したが、なかなかうまくいかない。しかし、ある時ふと閃いた。私じゃない誰かを登場させればいいのだと。左の3つのケースで考えてみよう。

　ケース①「簡単すぎ発問」……教師による発問があまりにも簡単すぎると、子どもたちは意欲を発揮することを嫌う。しかし、これをおとぼけキャラ・マメ助の疑問として提示すると……

なんということでしょう！

　子どもたちは「やれやれ分かりやすく教えてあげようじゃないか。」と、急にドヤ顔になって既習事項や生活経験をoutputするのだ。

　ケース②「ミスリード下手」……教師が「わざと間違える」と、子どもたちはワクワクするが多用は禁物だ。子どもたちは飽きる。しかし、

なんということでしょう！

　そもそもの設定がおとぼけキャラなのだから、子どもたちはミスリードであるとも思わない。様々な予想や仮説を披露したくなるのだ。

　ケース③「全部言われちゃう」……子どもの意欲的な説明を教師が静止してしまえば、意見を言わないクラスができ上がってしまう。教師が求めている範囲を超えて全部言われてしまう裏には、「発問」という、教師が子どもに答えや説明を求めているという構図が関係している。そこで「発問」ではなく、マメ助の「疑問」にするのだ。すると、

なんということでしょう！

　マメ助の日常のワンシーンを切り取った場面だから、必然的に制限がかかる。子どもにとっても、それ以上の説明をする必要がない。全員が同じ土俵に乗り（マメ助の世界に入り）、マメ助に予想や仮説を披露する。

　マメ助は客寄せパンダではない。本書にとって、絶大な意味がある。きっとスライドを使うことで、より深くお分かりいただけるだろう。

失敗から学ぶ

～丸くなるな、星になれ。～

実験の失敗は授業の失敗にあらず

　理科の授業は、「教科書通りの結果が得られるように子どもを導かなくては…」と思えば思うほど空転する。理科の教科書が悪いのではない。そもそも科学は、多くの失敗の上に成り立っている。それなのに「うまくやろう」「成功させよう」と教育者としての習性を発揮してしまうと、教師も子どももワクワクしなくなる。そんなサイエンスはナンセンスなのだ。

　例えばこんな場面だったら、教師としてどう関わるだろうか。

ふりこの動き

ふりこをより速く動かすにはどうしたら良さそう？

勢い良くおもりを揺らせばいい

　これは、問題を見出した後に、予想や仮説を交流する場面である。教科書で実験の手順が示されているのは、次の3つだ。

　　①おもりの重さを変える。
　　②ふりこの長さを変える。
　　③ふりこの振れ幅を変える。

　「おもりを揺らす力加減を変える」という実験は教科書にない。しかし、上の発問であれば、見当違いの予想でないことは分かる。そんなとき、「教科書の実験をしなくては」ということが頭にあると、その場でなんやかんや言って子どもの考えた予想を切り捨てることがある。

　これでは、子どもに「予想させているフリ」をしているのと同じだ。そんなことを繰り返せば、子どもは予想そのものをしなくなる。

　本来、予想に正解も不正解もないのだ。

こんな学級会を見たことがある。子どもたちの提案を、担任が根こそぎ却下するのだ。お楽しみ会にワクワクしながら、内容の提案をしていた子どもたちの表情が曇るのは早かった。ババっと20人位の手が挙がったが、4人却下されたところで、その後、誰も手を挙げなくなった。

　同じようなことが、理科の授業中に起こっていないだろうか。やらせるつもりのない実験の仮説など、聞かない方がいい。行く予定のない高級レストランのメニューを渡して、何を食べたいか聞いているのと同じだ。虚しさだけが募る。

　左のような場面では、実際に実験できるように話を進めていけばいい。もちろん、子どもたち同士の意見交流の中で、予想した本人が納得して仮説を取り下げることはある。しかし、安全性が担保されるのであれば、どのような実験でも、その子にとって試す価値があるのだ。先ほどの場面であれば、実際にやらせてみるとこんなことを発見する。

勢い良くおもりを動かしてみたら、最初はふりこが速く動くんだけど、しばらくすると一定のスピードになる！

　この発見をもって、「授業の失敗」と思う方はいないはずだ。もっと言えば、「実験の失敗」でもない。この子は、「おもりには力を加えず手を離し、一定のスピードで計らなければ1往復の時間は分からない。」という気付きから、正しく実験する方法を自ら見出したのだ。「実験は大成功」だ。

　そして、なんやかんや言われて実験をさせてもらえなかった場合と、実験をさせてもらえた場合の納得感の違い。ここにこそ、子どもが理科を楽しいと思えるか思えないかの決定的な違いがあるのだと思う。

　つまり、「教科書通りの実験方法が子どもから出るといいな。」という教師都合の期待を捨て、「教科書にもない予想や仮説を子どもと楽しもう。」という子どもに寄り添ったマインドセットがワクワクを生み出す。そうだ！「丸くなるな、星になれ。」

教材研究の極意

～理科の教材研究は「手」で～

「足」より身軽に動く「手」

　私が若い頃、社会科を得意とする先輩に「社会の教材研究は『足』でするんだ。」とよく言われた。教師自身が実際に現地に赴き、写真を撮ったりインタビューしたりすることで、教材に「血が通う」という意味だ。その方は、5年生の担任になれば東北で田んぼの動画を撮ったり、農家の方にインタビューしたり、6年生の担任になれば仁徳天皇陵古墳の写真を撮りに大阪まで行くなど、徹底的に「足」を使って教材研究をしていた。すごいなあと感動しながらも、子どもが生まれたばかりだった私はただただこう思った。———「できん！」

　そんな社会科の教材研究に比べ、理科の教材に血を通わせるために動かすのは「手」だ。校内で完結する。教科書や指導書を眺めている時間があったら、とにかく手を動かそう。

予備実験がワクワクを生む

　では、一体どのように手を動かせば、教材に血が通うのだろうか。それは「予備実験」に尽きる。いや、もしかしたら「予備実験」という言葉が難しさを感じさせてしまうのかもしれない。やることはシンプルで、「子どもにやらせる前にやってみよう！」ただこれだけだ。しかし、その効果は絶大で、理科の授業力は爆上がりする。

安全管理としての予備実験

　「子どもが考えた実験なら、失敗することが分かっていてもやらせた方がよい。」という趣旨のことを前述した。だが、当然これは、安全が担保されたときに限る。実験の失敗が事故に結びつく可能性を帯びているのであれば、安全かどうかは最優先事項だ。ただ、安全かどうかを見極めるのは、難しいことではない。頭でも足でもなく、手を使おう。実際に子どもが考えた方法で事前にやってみる。これだけだ。自分一人でやることに不安があれば、学年の先生と一緒にやろう。間違いなく、その人の学びにもなる。

例
「電磁石の性質」

実験のコツをつかむ予備実験

　実験の「やり方」がうまくないことで、本来得られるはずの結果が得られずに困るという経験は、誰もがしたことがあるだろう。実験にはコツがあるからだ。

例
「流れる水の働き」

　また、実験による子どものつまずきも事前に把握できる。想定できていれば、成功に導くことも、あえて失敗させることにも価値があるのだ。

授業設計に生きる予備実験

　実験を伴う理科の授業は、他のどの教科・領域の授業よりも、45分ジャストで終わらせるのが難しい。だからこそ、予備実験により、何にどのくらいの時間がかかるかを把握する必要がある。教師の焦りは、子どもの事故につながることもある。余白を残す授業設計を意識したい。

条件制御

～5年生の指導のポイント～

理科の「考え方」

　現行の指導要領で「理科の見方・考え方」が分かりやすく整理されたことをすでに述べたが、「条件制御」は「考え方」に関わる部分だ。考え方は、問題解決の能力を基に学年ごとに以下のようにより明確に示された。

3 主に差異点や共通点を基に、問題を見いだす

5 主に予想や仮説を基に、解決の方法を発想する

4 主に既習の内容や生活経験を基に、根拠のある予想や仮説を発想する

6 主により妥当な考え方をつくりだす

　これを踏まえ、小学生でも分かる言葉で整理したい。各学年でこう考えることを特に大切にして指導したいのだ。

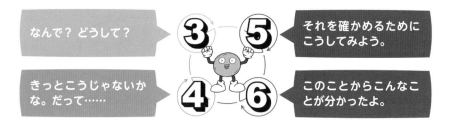

なんで？　どうして？

3 **5**

それを確かめるためにこうしてみよう。

きっとこうじゃないかな。だって……

4 **6**

このことからこんなことが分かったよ。

　5年生では、子どもが自ら実験方法を考えることを重視する。その際、「条件制御」という考え方が身に付くようにしていく。

条件制御とは

　「条件制御」とは、調べたい1つの条件のみに違いを設け、それ以外の条件は同じにするという実験の手法のことだ。

例えば、美味しいカレーを作りたいと思ってレシピを検索してみる。すると、「チョコレート」「コーヒー」「味噌」「リンゴ」「ヨーグルト」など様々な隠し味がヒットする。そこで全部の隠し味を投入してみる。そのカレーが、すごく美味しかったとして、この日分かったことはどんなことだろうか。「チョコレートはカレーを美味しくする。」とは言えないわけだ。チョコレートを抜いたらもっと美味しいかもしれないし、この5つの食材がそろうことで最高のハーモニーを奏でているのかもしれない。本当に自分の口に合う隠し味を見付けたければ、1種類ずつ試すしかない。これが、条件を制御するということだ。

条件制御を教える１つのコツ

　教科書や市販のワークシートでよくある手だてが、「変える条件」「変えない条件」を書かせる方法だ。その際、「変える条件」を1つにさせることで、条件が自動的に制御される。だが、私はもう少し子どもの思考を刺激したい。それは、「この実験によって分かること」を、実験の前に書かせることだ。例を出そう。

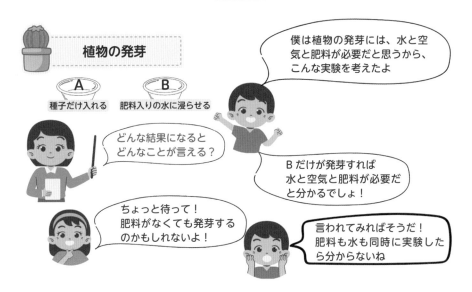

　このように、「どんな結果になると、どんなことが言えるか」を明確にさせることで、自ずと条件制御の必然性に気付く。ただ教え込むのではなく、気付きを促し、必要性をもって取り組めるようにしたい。

科学的探究

～終わりなき旅～

知識や概念が更新されるということ

「刺身は新鮮であればあるほど旨い」……少し前まで私はそう思っていた。釣りが趣味の1つである私は、食べるギリギリまで魚を生かしておいて、絶命してすぐに食すのが釣り人の特権だと思い、自慢さえしていた。しかし、これが大きな間違いだったのだ。魚は、海から上がってすぐにストレスなく絶命させ、血をしっかりと抜くことで保存が効く状態になる。適切に仕立てられた生の魚は、1週間程度かけてタンパク質の分解が進み、旨味を増していく。「熟成魚」と呼ばれ、高い付加価値が付く。

にわかには信じられなかった私は試してみた。釣り上げた真鯛をすぐに締め、船上で血抜きした。家に帰って下処理し、ペーパーとラップにくるんで冷蔵庫で1週間。恐る恐る食べたあの刺身の旨さを、一生忘れることはない。

さて、私の経験を「科学的な探究」という視点でおさらいしたい。

まず私は「魚は新鮮な方が美味しい」という既成概念を自分の常識としていた。しかし、「時間が経つと旨味成分が増す」という新たな事実に出合った。自分の中の概念を再構成したのだ。さらに探究は続く。私は、真鯛以外の魚もそうなのだろうかと「共通性」の見方を働かせて調べたり試したりした。すると、熟成に向く魚と向かない魚があることに気付いた。ここで「多様性」に気付き、概念を再々構成させた。さらに「時間的」な見方を働かせて、時間の経過とともに熟成の進み具合を調べたり、「質的」な見方を働かせて、触り心地や色や匂いが味にどのように影響するかを検証したりと、科学的な探究はまさに「終わりなき旅」なのだ。

1つのことを発見すると、同時に1つ以上の分からないことが出てくる。「閉ざされたドアの向こうに　新しい何かが待っていて　きっときっとって　僕を動かしてる」……それが科学的探究の楽しさだ。

探究心を育てること

　和食屋さんで初めて熟成魚の刺身を食べた人の誰もが概念を再構成するとは限らない。「美味しい！」の一言で終わり、次の瞬間には別のことを考えているというケースもたくさんある。同じ経験をしても、同じような感動体験になるとは限らないのだ。

　左ページで紹介した私の「探究」には、理科的な見方が大いに働いていることがお分かりいただけただろう。不思議なことを不思議だと思えるかどうかは、その人に理科的な見方があるかどうかに関わってくる。もちろんそれが「幸せ」とイコールだとは言わないが、理科の見方・考え方を養うことは、その子の人生を豊かにすることは確かだ。

未知との遭遇を楽しむ

　ここまで理科の学習意義を中心に理論編として執筆してきたが、理科の授業で教えられることなんてたかが知れている。その限られた「教えなければならないこと」を理解させて満足するよりも、そのことによって、「まだ知らない世界が広がっていること」にワクワクさせるような教員でありたい。

　最後に、私が年に一度子どもたちに語る話を紹介し、理論編のまとめとさせていただく。

潮だまりって知ってる？
潮が引いた後に岩のくぼみにできる水たまりのことで、天然の水族館と言われるくらいたくさんの生き物を見付けられる。
小学校の理科って、潮だまりみたいなものなんだ。
本物の生き物を見ることができるけど、潮だまりを見て満足していても、海の全てを知ったことにはならないよね。

もっと海のことを知りたいと思ったら、本物の海にもぐった方がいい。そう、シュノーケリングをする。
すると、潮だまりでは気付けなかったことにたくさん気付くことができる。でも、それ以上に分からないことにも出合う。

 そこで、今度は酸素ボンベを背負って、ダイビングをする。これまで見えなかった世界が広がり、海の生き物と一緒に泳ぐことができる。
さあ、ここまでくれば、海のほとんどを理解できるかな。
実は、人類はまだ海の20％程度しかたどり着いていないんだ。残りの80％には、まだまだ誰も見たことのない世界が広がっている。

潮だまりを見て、海の全てを分かった気になるか、それともまだ分からない世界があることにワクワクできるか。理科は分からないことを楽しむ時間だよ。

ICTスーパースター

～Canvaを使ってみて‼～

Canvaとは……

日本の教育界を突如として席巻している「Canva」を、もう使っているだろうか。

私は職場内で先行して使っていたとき、「Canvaって何ができるのですか？」とよく聞かれた。しかし、この質問に答えるのが非常に難しい。なぜなら、これまで授業でICTを活用してきたおそらくどんな場面も、Canvaでできてしまうからだ。まさにスーパースター。事実、本書も、全ページCanvaで執筆している。もう手放せないものになってしまった。

具体的な実践については、京都府の小学校の先生であり、Canva認定教育アンバサダーの坂本良晶先生の著書やSNSでの発信から学んでほしい。私も現在進行形で学び続けている。

もしあなたが、Canvaなんて知らない、聞いたことがない、使ったことがない、よく分からないということだったら、大チャンス到来だ！理科の本を買ったはずなのに、いつしかCanvaの使い手となり、「Canvaって知ってます？」「私と一緒にCanvaりませんか？」なんてドヤ顔でICTマウントを取ることができるのだ。あらやだ、なんてお得な本なの！

冗談はさておき、本書でCanvaの詳細を伝えることはできないので、本書で使用しているQRコードの使い方について説明する。

まず、本書で紹介している目玉ツールは、各単元の導入で使うマメ助のスライドだ。今回、このスライドもCanvaで作成している。「Canvaなんて使ったことがない！」なんて慌てる必要はない。Canvaの魅力の1つに、登録せずとも端末を選ばずにスライドを再生できることがある。例えば、今回のスライドがMicrosoft PowerPointであったら、Googleの自治体とは相性が悪いし、Googleスライドで作成していれば、その逆だ。しかし、Canvaであれば、端末や自治体の契約サービスに依存せず使える。

2種類のQRコード

　次ページ以降は、1単元8ページずつで本書を構成している。各単元の1ページ目から、スライド画面と台本（読み原稿）が始まる。その一番上には、下のようなバナーがあり、2種類のQRコードを載せている。

　左側のQRコードは、閲覧専用のリンクとなっている。登録もサインインも不要で、すぐに表示できる。ただし、編集はできない。

　一方で右側のQRコードであれば編集が可能だ。ただし、サインインが必要になるので、Canvaへの登録が必要となる（教師は無料）。

　右側のQRコードを選び、サインインした場合、「表示のみ」可能な状態になっている。右のように「ファイル」から「コピーを作成」を選択すれば、マメ助はもう本書を離れ、あなたの掌で踊る。マメ助をどうかかわいがってほしい。

ワークシートのQRコード

　指導計画例にあるワークシートのQRコードは、編集できる代わりにサインインしないと表示できないものを載せている。編集しないでそのまま使用する場合は、このまま本書を印刷して配布した方が早いと思うからだ。さあいよいよ、次ページからマメ助の登場だ。

「天気の変化」
地球領域

時間的
空間的

理科の見方

編集して
使用したいとき
※Canvaへの
サインインが必要

編集せず
そのまま使用する
（サインイン不要）

指導事項

天気の変化は、雲の量や動きと関係があり、映像などの気象情報を用いて予想できると理解するとともに、観察、実験などに関する技能を身に付けること。
天気の変化の仕方について追究する中で、天気の変化の仕方と雲の量や動きとの関係についての予想や仮説を基に、解決の方法を発想し、表現すること。

マメ助が大変！！
無人島に到着の巻

今日もマメ助と勉強していきます！
さて今日のお話は、「マメ助が大変！！ 無人島に到着の巻」です。
マメ助の身に一体何が起こったのでしょう。
はじまりはじまり〜！！

春休みのこと
いつものように植物や、昆虫採集のために、
川の土手を駆け回っていました。

水の中の生き物を
観察しよう

さて、春休みのことです。自然が大好きなマメ助は、生き物が一気に活動を始めるこの季節が大好きです。いつものように、植物や昆虫採集のために川の土手を駆け回っています。おや、水の中の生き物を観察するようですね。オタマジャクシかな、ヤゴかな。

しかし事件です！！
生き物に夢中になったマメ助は川に流されてしまいました。

おっと、しかしここで事件です！！
生き物に夢中になるあまり、マメ助は足をすべらせて川に落ちてしまいました。
川には流れがあり、あれよあれよと流されてしまいます。

川の流れに乗って……
流れ流れ流れて
たどり着いた先はなんと……

流れ流れて流されるとどうなると思いますか？
そう！ 海に出てしまいます。
そしてたどり着いた先はなんと……

無人島に到着

生き物がたくさん！！と喜んだマメ助でしたが、
兄弟と会えないのがさみしくて、帰りたくなりました。

無人島です！！ 普通なら不安で怖くてたまらないと
ころですが、マメ助はワクワクしているようです。
島中を駆け回り、生き物や植物に夢中です。
しかし、兄弟と会えないのがさみしくて、おうちに
帰りたくなりました。

イカダを作りました
マメ助は工作も得意なのです！！

マメ助は工作も得意です。
丸太をくみ上げてせっせとイカダを作りました。
いよいよ明日は海を渡って、おうちに帰る日です。
早めに寝ました。

しかし……次の日は土砂降りの雨

しかしここでまた事件です！！
なんと起きたら土砂降りで、とてもイカダで出発な
どできません。でも待って！朝晴れていても、途中
で大雨になったら大変です。
一体いつ出発すればいいのでしょう。

天気を予想する方法を考えよう

真実はいつも
たぶん1つ

みんなでマメ助を助けてあげましょう。
どうしたら天気を予想することができるでしょう。
真実はいつも……多分1つ。
自分の考えをワークシートに書きましょう。
（ワークシートを配布）

単元名:

月　日(　　)　5年　組(　　　　　　　　)

せっかくイカダを作ったのに出発できずにこまったマメ助

しかし……次の日は土砂降りの雨

人もいない電波もない無人島でマメ助はどのように天気を予想すればいいでしょう。

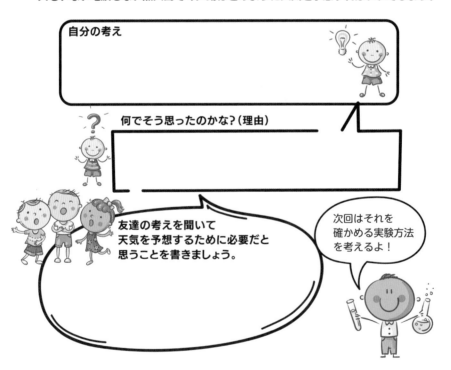

自分の考え

？　何でそう思ったのかな?（理由）

友達の考えを聞いて
天気を予想するために必要だと
思うことを書きましょう。

次回はそれを
確かめる実験方法
を考えるよ!

予想される
児童の反応

どんなことが
考えられましたか？

鳥の飛び方で
分かる

風の向きで
分かる

雲を見れば
分かる

雷が鳴ったら
危ない

ここがポイント
地球領域で働かせたい「理科の見方」は
「時間的・空間的」な見方。
その見方が引き出せるように問い返しをする。

問い返し

雲を見ればいい

雲の「何を」見るの？

う〜ん
雲の形かな？？

雲の形で天気が分かるの？

空が雲だらけになって
も雨が降らないことも
あるよね

「カミナリグモ」って
いうのがあるから
分かると思うよ！

雨を降らせる雲と雨を降らせない雲があるの
かな？　それってどうやって分かるの？

黒い雲でどう天気を予想する？

遠くから黒い雲が
近づいてきたら
雨が降る!?

黒い雲がどのくらいの
時間でどの方角にどの
くらい進むのか調べれ
ばいいのか！

「天気の変化」指導計画例

※教科書と関連させて計画する。

予想や仮説を立て　実験方法を考える

1 スライドと台本と「予想される児童の反応」を見て授業する。

2 雲の写真を撮り雨を降らせる雲と雨を降らせない雲があることを確認する。

3 雲量モデルを作り「晴れ」と「くもり」を判断する条件について実感を伴って理解する。

実験で確かめる

 4 タブレットのカメラを利用して、空の様子を1時間おきに撮影する。

 5 数日分のデータを比較して、雲の様子と天気の変化について考察する。

6 気象情報と天気の変化の関係を調べ、普段見る天気予報はどのように予想されているか理解する。

学習をまとめる

7
・天気の変化は、雲の量や動きと関係がある。
・雲には雨を降らせるものと、雨を降らせないものがある。
・春の天気は主に、西から東へ移り変わっていく。
・天気の変化は、映像などの気象情報を用いて予想できる。

生かす

8 今日までの全国の気象情報を基にして、明日の全国の天気を予報する。過去の雲画像は、「tenki.jp」がおすすめ！

単元名: _____

月　　日(　　)　5年　　組(　　　　　　　　　)

天気の「晴れ」と「くもり」がどのように決められるのか理解しよう。

予想　下の〇が空全体だとすると、「晴れ」と「くもり」のちがいは下のようになる。

雲が
全くない

空一面が
雲

晴れ（快晴）　　　これ以上雲が多いとくもり　　くもり

予想して雲を鉛筆で黒くかこう

調査　雲（白い部分）をハサミで切り取って手で破り、下の空に貼りましょう。

雲量7＝天気【　　　】　　雲量8＝天気【　　　】　　雲量9＝天気【　　　】

結果　空全体を「10」としたとき、「くもり」は雲の量が……

考察

単元名:

月　日(　)　5年　　組(　　　　　　　　)

天気を予想するために、雲の動き方を観察しよう。

予想　今日の雲は（どのくらいの時間でどのくらいのきょりをどちらからどちらへ？）……

条件
観察カードに書くべきこと……

調査　雲の様子を観察カードにかいたり、写真をはったりしましょう。

結果　今日の雲は……

考察

単元名: _____

月　　日(　　)　5年　　組(　　　　　　　　　　　)

天気と雲の関係をさぐるために、雲の種類をまとめよう。

予想　雨をふらせる雲は……

調査　雲の写真（絵）とその日の天気を記録しましょう。

月　　日(　)　　時　天気:___

月　　日(　)　　時　天気:___

月　　日(　)　　時　天気:___

月　　日(　)　　時　天気:___

結果　雨をふらせる雲は……

考察

「植物の発芽と成長」
生命領域

理科の見方

共通性
多様性

編集せず
そのまま使用する
（サインイン不要）

編集して
使用したいとき
※Canvaへの
サインインが必要

Canva

指導事項

植物は種子の中の養分を基にして発芽すること、植物の発芽には水、空気及び温度が関係していること、成長には日光や肥料などが関係していることを理解するとともに、観察、実験などに関する技能を身に付けること。
植物の育ち方について追究する中で、植物の発芽、成長とそれらに関わる条件についての予想や仮説を基に、解決の方法を発想し、表現すること。

今日から新しい単元の学習です。
今日は……マメ助大ピンチ〜机の中身どうなってるのの巻〜です。
どんなピンチが襲いかかってくるのか、はじまりはじまり！

昨年の秋のことでした。
いつものように、植物や昆虫採集にでかけたマメ助。
マメ助にとっては、全てが宝物です。集めたものは、何でもかんでも机の中に入れて、引き出しを宝箱のようにしていました。

しかし、事件です。
なんと大切な宝箱である引き出しの鍵をなくしてしまいました。
中の大切なものが取り出せません。これは困りました。

どこを探しても見付からないまま
なんと秋が終わり、冬が過ぎ、春を迎えてしまいました。

桜も散ったある日のこと
なんと、庭にある名犬クリームチーズの小屋の中に宝の引き出しの鍵を見付けました。
マメ助大喜びです！

さて、鍵を開ける前に、引き出しの中にはどんなものが入っていたか思い出してみましょう。
さあ、左のこれは？ そう、カマキリの卵。
右上はじゃがいもだね。では、右下は？？ 難しいかな、これはインゲンマメです。そうマメ助の仲間！

さあさあ、引き出しの中はどうなっているでしょうか。自分の予想を友達に伝えて交流しましょう。
※スライドは一旦中断し、交流後に発表させるとよい。

さて、結果はどうなるでしょう。
まずはじゃがいも……
これは一体どういう状態？？ そう芽が出てきてますね。机の引き出しでも芽が出るのですね。

次はカマキリの卵は……
ぎゃーーーーーーーー！！！
大変、ちょうど幼虫が生まれたところだ。
マメ助はあわてて、虫かごに卵と幼虫を入れました。

さあ次はインゲンマメです。
これはインゲンマメの実ですが、種でもありますね。
マメ助の仲間なので、一番ワクワクしています。
どうでしょうか。

あれ？？？？
引き出しに入れたときと何も変わっていない様子です。
じゃがいもは芽を出していたし、カマキリは卵からかえっているのに……

マメ助は、仲間の豆をとても心配しています。
腐って死んでしまったのでしょうか。
触ってみても、カチカチ。
匂いも特に変化ありません。

もう二度と芽が出ないのでしょうか。
諦めきれないマメ助は、タブレットで調べてみることにしました。
すると、とても興味深いニュースを目にしました。
千葉県で行われる「大賀ハス」の開花祭りのニュースです。

この大賀ハスには秘密があります。
1947 年に、東京大学の泥炭地から丸木舟が発見され、周りの泥の様子から 2000 年も前の船溜まりであることが分かったのです。そして、4 年後には、この場所から、3 粒の種を発見しました。2000 年間も土に埋まっていた花が開花するわけもないと思われたのですが、翌年、ついに蓮の花が開花しました。このときの大賀博士の名前をとって、大賀ハスと名付けられました。2000 年間地上に姿を見せなかった一輪の花が、今はたくさん増えて、祭りを開くようになったのです。

そこでマメ助は考えました。インゲンマメは死んでしまったのではなくて、大賀ハスの種のように眠っているのだと。
そして、芽が出る条件が机の中ではそろっていなかったのだと考えました。
さあ、インゲンマメは無事に芽を出すのでしょうか。そのための条件とは一体何なのでしょう。
真実はいつも……多分 1 つ。

単元名: _____

月　日(　) 5年　組(　　　　　　　)

つくえの中でインゲンマメは発芽しないことを不思議に思ったマメ助

インゲンマメが発芽するには、どのような条件が必要なのでしょう。

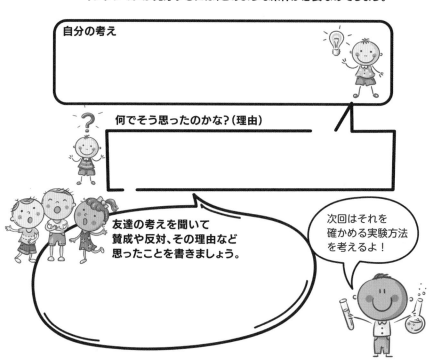

自分の考え

何でそう思ったのかな?(理由)

友達の考えを聞いて
賛成や反対、その理由など
思ったことを書きましょう。

次回はそれを
確かめる実験方法
を考えるよ!

予想される児童の反応

どんな条件がそろうと発芽しそうですか？
1つずつ教えてください。

机の中には土がないから土

暗いから光が必要！

肥料も必要だと思う

机の中にもあるけど空気は絶対に必要だよ

水をやらないと！

寒すぎたらダメだから温度も必要？

ここがポイント
生命領域で働かせたい「理科の見方」は「共通性・多様性」の見方。
その見方が引き出せるように問い返しをする。

問い返し

今まで育ててきたもので考えてみて！

育てるとき必ず水をやるよね

アサガオは土に植えて水をやれば芽が出たから土も必要だね

土って何で必要なのかな？
他の物では土の代わりにならないの？

う〜ん……
土には栄養が含まれているから養分が重要なのかな

ふかふかのベッドみたいな役割もあるんじゃないかな

そういえばヒヤシンスを水だけで育てたような……

よく考えたらじゃがいもも植物なのに水も土もなく暗い場所でも芽が出てるね……

「植物の発芽と成長」指導計画例

※教科書と関連させて計画する。

予想や仮説を立て　実験方法を考える

1 スライドと台本と「予想される児童の反応」を見て授業する。

2 3 インゲンマメの発芽について、予想や仮説を基に解決方法を考える。

7 植物の成長に必要な条件について予想や仮説を基に解決方法を考える。

実験で確かめる

4 5 発想した実験方法を基に、実験の準備をする。

6 数日後の結果を見て、発芽の条件について考察する。

8 9 種子の中には発芽に必要な養分が含まれていることを確かめ、実験の準備をする。

10 数日後の結果を見て、成長に必要な条件について考察する。

学習をまとめる

11
- インゲンマメの種子が発芽するには、水、空気、発芽に適した温度の3つの条件が必要である。
- 種子には、発芽に必要なデンプンという養分が含まれている。
- インゲンマメの成長には、日光と肥料が関係している。

生かす

12 根深ネギや大根、大豆もやしなど、発芽や成長に必要な条件を生かして「野菜」としての価値を高めている植物があることを調べる。

単元名: _____

月　　日(　　)　5年　　組(　　　　　　　　　)

インゲンマメが発芽する条件を実験でたしかめよう。

予想　インゲンマメは次の条件がそろっているときに発芽するだろう。

調査　自分が調べたい条件について、表に整理しましょう。

条件	A	B
変える条件		
変えない条件		

結果　インゲンマメの発芽に……

考察

単元名: _____

月　　日(　)　　5年　　組(　　　　　　　　)

インゲンマメがよりよく成長する条件を実験でたしかめよう。

予想　インゲンマメは次の条件がそろっているときによりよく成長するだろう。

調査　自分が調べたい条件について、表に整理しましょう。

条件	A	B
変える条件		
変えない条件		

結果　インゲンマメがよりよく成長するために……

考察

「メダカのたんじょう」
生命領域

理科の見方

共通性
多様性

編集せず
そのまま使用する
（サインイン不要）

編集して
使用したいとき
※Canvaへの
サインインが必要

Canva

指導事項

魚には雌雄があり、生まれた卵は日が経つにつれて中の様子が変化してかえることを理解するとともに、観察、実験などに関する技能を身に付けること。
動物の発生や成長について追究する中で、動物の発生や成長の様子と経過についての予想や仮説を基に、解決の方法を発想し、表現すること。

マメ助の挑戦
メダカを繁殖したいの巻

今日から新しい単元の学習です。
今日は……マメ助の挑戦〜メダカを繁殖したいの巻〜です。マメ助はどんなチャレンジをしようとしているのか、はじまりはじまり！

昨年の夏の終わりのこと……
きれいな小川で遊んでいたところ、メダカを発見！
がんばって3匹つかまえたので、飼うことにしました。
調べると、昼の時間が長くなって気温が高くなると卵を産むと書いてあったので、次の夏を楽しみに過ごした。

昨年の夏の終わりのことです。
きれいな小川でメダカを発見したマメ助。がんばって3匹捕まえることができたので飼うことにしました。
調べると、昼の時間が長くなって気温が高くなるとメダカは卵を産むことが分かったので、次の夏が来るのが楽しみで楽しみで、大切に育てました。

秋を越え
冬を越え
春をむかえ
汗がしたたる今日この頃

夏が終わり、秋を越え、冬を越え、春を迎え
汗がしたたる今日この頃。

事件です！！
昼の時間も長くなり、気温が高い日が続いているのに、いっこうに卵を産んでくれません。

大事に育ててきたマメ助。
餌も忘れずにあげたし、病気もなく元気に泳いでいるのにどうしてでしょう。
真実はいつも……多分1つです。
自分の考えをワークシートに書きましょう。

ここでオスメスの違いについて言及する児童が出てくるので、メダカにもオスメスがあるのなら、どう見分けられるのか説明させてしまう。

○○さんの説明が正しければ、この3匹のメダカは……

よく見たら3匹ともオスです！！！！
オスしかいなかったから卵を産まなかったのですね。

そこでマメ助は、メスを3匹買ってきて、同じ水槽に入れることにしました。

あれから2週間、オスもメスも元気に泳いでいます。

そしてついに！！
マメ助は卵を発見しました！

でも困りました。卵を見付けたのはいいですが、どうしたらよいか分かりません。
「鳥みたいにお母さんが温めてくれるのかな。」とマメ助が言っていますが、どう思いますか？

おっと、ここでペットショップのお兄さんの登場です。卵は温める必要がないと教えてくれています。
そしてこんなことも言っています。
「卵は水槽から取り出して、別の容器に入れてください。食べられちゃいますからね。」

えーーーーー！？ マメ助びっくり！
まさか自分が生んだ卵を食べてしまうなんて……
じゃあ別の容器に入れた卵はどうすればいいのでしょうか。

さらにペットショップのお兄さんは衝撃的な話を続けます。
「メダカは産んだらおしまい。子育てはしないんですよ。何もしなくていいですよ。子メダカが生まれても、最初は何も食べないですから。」

マメ助はさらに驚きました。
家に帰って図鑑を開くと、確かに卵から生まれるまでに10日間、生まれてからさらに3日間。餌や栄養は与えないそうです。餌もなくてどうするのでしょう。
真実はいつも……多分1つです。

月　日(　　)　5年　　組(　　　　　　　　)

たまごが水草についてから2週間程度。赤ちゃんメダカが心配なマメ助

たまごの中やたまごから生まれたばかりの赤ちゃんメダカは
どのように養分をとっているのでしょう。

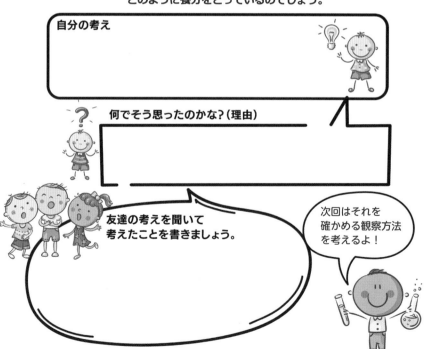

自分の考え

何でそう思ったのかな?(理由)

友達の考えを聞いて
考えたことを書きましょう。

次回はそれを
確かめる観察方法
を考えるよ!

予想される児童の反応

どんなことが考えられましたか？

生まれるまでは大きくならないから養分いらないと思う

水草につくから水草から養分をとると思う

卵の中に養分があるんじゃないかな

卵の中ではどんな変化があるのかな

ここがポイント
生命領域で働かせたい「理科の見方」は
「共通性・多様性」の見方。
その見方が引き出せるように問い返しをする。

問い返し

卵から観察した生き物ってある？
思い出してみよう。

生まれたら卵の殻を食べると思う

モンシロチョウがそうだった！

確かにそうだった！
でも生まれるまでは？

モンシロチョウって卵の中が見えなかったけど、メダカの卵は透明だから観察できないかな……小さすぎるかな

まずはメスが卵を産んでから、卵の中でどう過ごすのか観察できる方法を探っていきましょう。

「メダカのたんじょう」指導計画例

※教科書と関連させて計画する。

予想や仮説を立て　実験方法を考える

1 スライドと台本と「予想される児童の反応」を見て授業する。

2 メダカのオスとメスの見分け方を正しく理解し、実際のメダカで弁別する。

3 顕微鏡の使い方を理解し、観察する計画を立てる。

実験で確かめる

4 受精の仕組みについて理解する。

5 1日1回以上、メダカの卵の様子を観察し、観察カードに記録する。

6 日々の卵の中の変化について、言葉でまとめながら、変化の様子を共有していく。

学習をまとめる

7
- メダカにはオスとメスがあり、背びれや尻びれなど、体の形で見分けることができる。
- メスが卵を産み、オスが精子を出し、結びつくことを受精と言い、受精した卵を受精卵という。
- メダカは、卵の中で少しずつ変化して、親と似た姿になり、やがて孵化する。

生かす

8 共通性・多様性の見方を働かせ、メダカ以外の卵の中の成長の様子を調べ、交流する。

メダカはたまごの中でどのように変化するでしょう。

予想　たまごが水草についてから、生まれるまでの様子を予想してかきましょう。

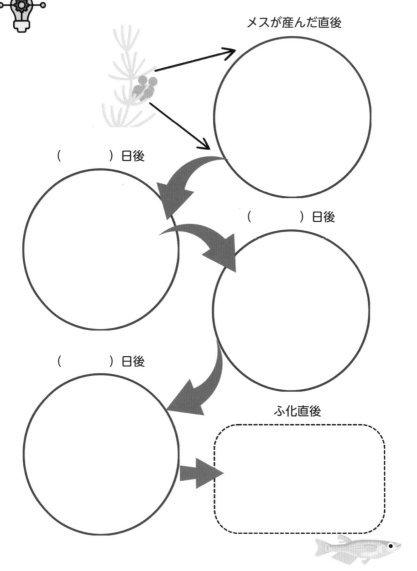

メスが産んだ直後

(　　　　)日後

(　　　　)日後

(　　　　)日後

ふ化直後

単元名: _____

月　　日(　　)　5年　　組(　　　　　　　　　)

メダカはたまごの中でどのように変化するでしょう。

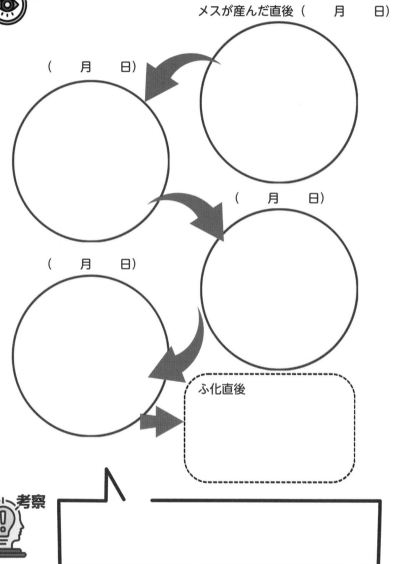

調査　観察した様子を絵でかきましょう。

メスが産んだ直後（　　月　　日）

（　　月　　日）

（　　月　　日）

（　　月　　日）

ふ化直後

考察

「台風と防災」
地球領域

理科の見方

時間的
空間的

編集せず
そのまま使用する
（サインイン不要）

編集して
使用したいとき
※Canvaへの
サインインが必要

Canva

指導事項

天気の変化は、映像などの気象情報を用いて予想できることを理解するとともに、観察、実験などに関する技能を身に付けること。

天気の変化の仕方について追究する中で、天気の変化の仕方と雲の量や動きとの関係について予想や仮説を基に、解決の方法を発想し、表現すること。

今日から新しい単元の学習です。
今日は……マメ助と考えて！！〜キャンプに行くのだの巻〜です。キャンプに行きたいマメ助。どんなことを一緒に考えてほしいのでしょうか、はじまりはじまり！

夏休みになりました！昆虫採集や植物採集が大好きなマメ助にとって、生き物の活動が活発になる夏休みは最高の時間です。
川沿いのキャンプ場へ行く計画を立てました。

しかし、いきなり事件です！！
なんと台風発生のニュースです！
せっかくの計画が台無しに？？

「でも平気！！ 僕のテントは雨でも大丈夫！」
マメ助はこんなことを言っていますが、どう思いますか？

そうですね、台風で危険なのは、雨だけではありませんね。マメ助も考え直しました。しかしまだ諦めてはいません。台風が近づいたら、予約をキャンセルすればいいし、接近しないならキャンプに行こうとしています。しかし問題がありますね。

このキャンプ場。中止する場合、3日前には予約をキャンセルしないと、キャンセル料金が発生してしまうのです。
3日前は……なんと今日です！ 今日中に決めなくてはいけません。

さて、台風の進路って予想できるのでしょうか。
今、台風はここにあります。
キャンプ場は千葉県です。
すごく離れていますが、千葉に近づいてくるのでしょうか。

キャンセルする？ キャンセルしない？
真実はいつも……多分1つです。

天気を予想する方法は、前に学習しましたね。
では、台風の進路を予想するには、どんなことが必要でしょうか。
どんなことが分かれば、予想できそうですか。ワークシートに書きましょう。

月　　日（　　）　5年　　　組（　　　　　　　　　　）

マメ助はキャンプに行っていい？ キャンセルするべき？

さて、まずは進路を予想してみよう。

進路を予想するためには
何が必要？？

どのような情報があれば、台風の進路を予想することができそうでしょうか。

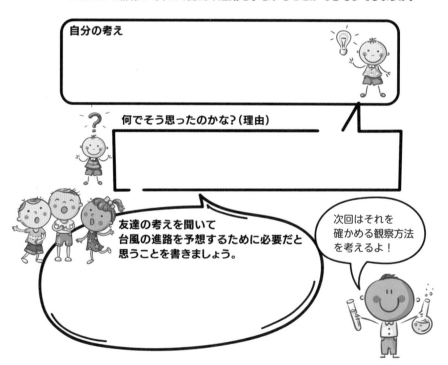

自分の考え

何でそう思ったのかな？（理由）

友達の考えを聞いて
台風の進路を予想するために必要だと
思うことを書きましょう。

次回はそれを
確かめる観察方法
を考えるよ！

予想される
児童の反応

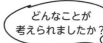

どんなことが
考えられましたか？

雲を見れば
分かる

今の雨の強さを
知ればいい

風の向きで
分かる

西の天気を
調べる

ここがポイント
地球領域で働かせたい「理科の見方」は
「時間的・空間的」な見方。
その見方が引き出せるように問い返しをする。

問い返し　西の天気に対して

素晴らしい！ 春の天気も西から変
わりましたね。台風も西から？

う〜ん。台風
の動きは……

台風の動きはどうしたら分かる
かな？

今の台風がどのくらい
の時間でどの方角へ進
んでいるか調べたい

過去の台風の進路を
調べたら規則性が
あるかもしれない

天気の変わり方のときも「どのくらいの時間」で
「どこへ」という見方がとても大切でしたね！

天気予報で台風の進路を
見るといつも同じように
進んでいる気もするね

「台風と防災」指導計画例

※教科書と関連させて計画する。

予想や仮説を立て　実験方法を考える

1 スライドと台本と「予想される児童の反応」を見て授業する。

2 過去の気象情報を基にして、台風の進路は天気の変化の規則性が当てはまらないことを知る。

実験で確かめる

3 台風の被害と防災について調べ、調べたことを交流する。

学習をまとめる

4
・台風の進路は天気の変化の規則性が当てはまらない。
・台風がもたらす降雨は短時間に多量になる。

生かす（発展）

ニュースキャスターや気象予報士になって、台風の防災について注意喚起する動画を撮り、Microsoft の Flip などで output させる。

単元名: _____

月　日(　　)　5年　　組(　　　　　　　　　)

過去の台風の進路を調べよう。

予想　台風は(どこで発生して何日くらいかけてどの方角へ進むか)

調査　昨年に日本周辺で発生した台風の進路を書きこみましょう。

結果　台風は……

単元名: _____

**　月　　日(　　)　5年　　組(　　　　　　　　)**

現在発生している台風の進路を予想しよう。

 **予想** 現在発生している台風の情報を下の地図に書きこみましょう。

結果 上の地図に一日一日の進路を書きこみましょう。

考察

単元名: _____

月　　日(　　)　5年　　組(　　　　　　　　　　)

活用 ニュースキャスターや気象予報士になって、台風の防災をよびかけよう。

ハザードマップやひなん場所の確にん

非常用グッズの確にん　　　　　　　台風への備え　　　　　　　屋内で備える

高しおや高波に備える　　　　　　　屋外で備える

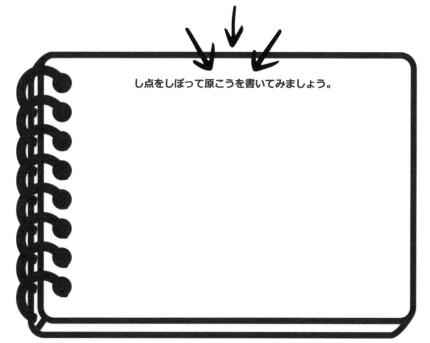

し点をしぼって原こうを書いてみましょう。

「植物の実や種子のでき方」
生命領域

理科の見方

共通性
多様性

編集せず
そのまま使用する
（サインイン不要）

編集して
使用したいとき
※Canvaへの
サインインが必要

Canva

指導事項

花にはおしべやめしべなどがあり、花粉がめしべの先に付くとめしべのもとが実になり、実の中に種子ができることを理解するとともに、観察、実験などに関する技能を身に付けること。

植物の育ち方について追究する中で、植物の結実とそれに関わる条件についての予想や仮説を基に、解決の方法を発想し表現すること。

マメ助がピンチ！
レッツ カレーパーティの巻

今日から新しい単元の学習です。
今日は……マメ助がピンチ！～レッツ カレーパーティの巻～です。どんなピンチが襲いかかってくるのか、はじまりはじまり！

夏休みがせまったある日のことです。大好きな植物や昆虫採集が毎日できる夏休みにワクワクが止まらないマメ助です。せっかくの夏休みなので、弟のマメ太や友達と一緒に、自分たちが育てている野菜を持ち寄って、夏野菜カレーパーティをすることにしました！

去年の誕生日に、弟のマメ太からもらったツルレイシの種を植えて育てていたマメ助。そろそろ花が咲きそうなので、実を収穫して、夏野菜カレーパーティにツルレイシの実を持って行こうと考えました。

花壇に行ってみると……。
おお～黄色くて小さな花がたくさん咲いています！

夏野菜カレーパーティに向けて、1ヶ月後にツルレイシの実は収穫できるようになっているでしょうか。どう思いますか？？

さあ、どうなっているでしょう。
1週間、2週間、3週間、4週間……。
1ヶ月を過ぎた頃。

おお～！！ ツルレイシの実が1つだけなっています！
マメ助大喜びです。
この調子でパーティに向けて、ツルレイシが豊作になることに胸が膨らんでいます！

しかし事件です！！
あれ以降、何日待ってもツルレイシの実がなりません！！ 水も日光も肥料も十分に与えていて、花もたくさん咲いているのに、実がならない！

どうしたらツルレイシに実ができるのでしょうか。
花が咲くと実ができると思っていましたが、どうやら実ができるために必要な条件が整っていないようです。花が咲いた後に実ができる条件とは何でしょう。真実はいつも……多分1つです。

単元名:

_____

月　日(　　)　5年　　組(　　　　　　　　　)

ツルレイシに実ができなくてこまったマメ助

発芽の条件であった水・空気・適当な温度、よりよく成長するための日光や肥料のほかに、必要なものがあるのかな?

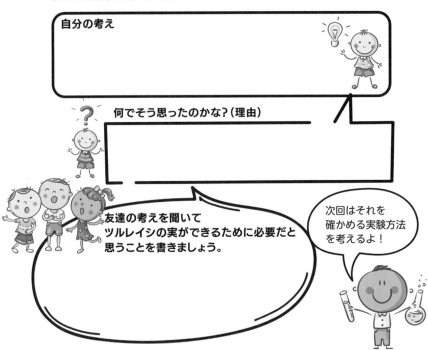

自分の考え

何でそう思ったのかな?(理由)

友達の考えを聞いて
ツルレイシの実ができるために必要だと
思うことを書きましょう。

次回はそれを
確かめる実験方法
を考えるよ!

予想される
児童の反応

どんなことが
考えられましたか？

おしべと
めしべが必要

虫がいないと
いけない

肥料が
足りない？

もっと気温が上がら
ないといけない

ここがポイント
生命領域で働かせたい「理科の見方」は
「共通性・多様性」の見方。
その見方が引き出せるように問い返しをする。

問い返し

おしべとめしべ

おしべとめしべって？

花にとっての
オス・メスってこと

オスの花とメスの花？？

メダカはメスが産んだ
卵にオスが精子をかけ
て受精卵ができる

人間も女性の体内で
卵子と精子が結びついて
受精されるね

人や魚のように、花にも受精のようなものが
必要だと考えたのですね！

どうしてみたい？？

うーん…でも花にオスや
メスがあるのかな

花をじっくり観察し
て比べてみればいい
んじゃないかな？

「植物の実や種子のでき方」指導計画例

※教科書と関連させて計画する。

予想や仮説を立て　実験方法を考える

1 スライドと台本と「予想される児童の反応」を見て授業する。

2 花を観察したり、顕微鏡を使ったりして、花の作りを調べる。

3 アサガオの花粉は、いつおしべからめしべに付くのかを調べる方法について、計画を立てる。

実験で確かめる

4 花が開く前と後のおしべとめしべを比べ、花粉を顕微鏡で観察する。

5 受粉すると、花にはどのような変化が起こるのかを調べる方法について計画を立てる。

6 受粉させた花と受粉させなかった花の変化を、条件を整えて調べる。

学習をまとめる

7
・花にはおしべやめしべなどがある。
・花粉がめしべの先に付くとめしべのもとが実になる。
・実の中に種子ができる。

生かす（発展）

Canva のインフォグラフィックなどを使い、共同編集でいろいろな花の作りをまとめさせる。

単元名: _____

月　　日(　　)　5年　　組(　　　　　　　　)

花のつくりをじっくり観察してみよう。

予想 【　　　　　　　　　】の花には……

調査 観察して分かったことを下に書きましょう。

結果 【　　　　　　　　　】の花には……

考察

花粉を観察しよう。

調査　顕微鏡（けんびきょう）を正しく使って、校庭の花の花粉を観察しましょう。

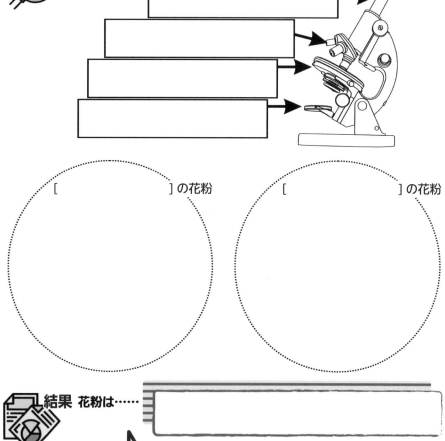

[　　　　　　　　]の花粉　　　　　　[　　　　　　　　]の花粉

結果　花粉は……

考察

単元名: _____

月　日(　)　5年　組(　　　　　　　　)

受粉によるその後の育ち方のちがいを観察しよう。

予想　受粉した花は……

調査　受粉させた花と受粉させない花のちがいを観察しましょう。

受粉させた花

月　日(　)

月　日(　)

月　日(　)

受粉させない花

月　日(　)

月　日(　)

月　日(　)

結果　受粉によって……

考察

「流れる水の働きと
土地の変化」
地球領域

理科の見方

時間的
空間的

編集せず
そのまま使用する
（サインイン不要）

編集して
使用したいとき
※Canvaへの
サインインが必要

Canva

指導事項

流れる水には土地を侵食したり石や土などを運搬したり堆積させたりする働きがあること、川の上流と下流によって川原の石の大きさや形に違いがあること、雨の降り方によって流れる水の速さや量は変わり増水により土地の様子が大きく変化する場合があることを理解するとともに、観察、実験などに関する技能を身に付けること。

流れる水の働きについて追究する中で、流れる水の働きと土地の変化との関係についての予想や仮説を基に、解決の方法を発想し、表現すること。

今日から新しい単元の学習です。
今日は……マメ助クッキング～石焼き芋が食べたいの巻～です。マメ助のクッキングはどうなるのでしょうか、はじまりはじまり！

秋らしい日々が続きます。
秋と言えば、「スポーツの秋」「読書の秋」「音楽の秋」など、どんなことにも打ち込めるこの季節もマメ助は大好きです。そして何より、「食欲の秋」。秋は美味しいものがたくさんです。他にもあるかな？

そして特にマメ助の大好物は……ホッカホカの焼き芋です。

しかもこれです！！
石焼き芋！ こんな声が聞こえてくるトラックを見たことがありますか？
焼き芋屋さんの移動販売車です。昔はよく聞こえてきたのですが、最近は少なくなりましたね。

そこで、石焼き芋を自分で作りたくなりました。
さつまいもの他には、何が必要なのでしょう。
「石焼き」というくらいですから、石を使って焼くのでしょうか。
移動販売車に出会えないので困りました。

しかし、スーパーにも石焼き芋が売っていることを思い出しました。
早速確かめてくることにしました。

これこれ。
みなさんの家の近くのスーパーにも売っていますか？
よく見ると……芋の下に石がしきつめられています。
タイマーが鳴ると、店員さんが石の中から湯気の出る焼き芋を取り出しました！ 石に埋めるのですね。

どんな石が必要なのか、焼き芋がない時間に来てみることにしました。
石の様子がよく分かります。写真のような、角が丸くなっている石を集めればよいとマメ助は考えました。

さっそく石拾いの冒険に行く計画を立てています。
石は川にたくさん落ちていますね。
しかも、芋を石に埋めるのですから、泥や砂のないきれいな川がいいですね。
とびきりきれいな川へ出かけることにしました。

そして週末。
想像以上にきれいな川にたどり着きました！！
水がきれいで、石もきれいなことが分かります。
マメ助のテンションも上がっていますね。

しかし事件です！！
探しても探しても、焼き芋屋さんにあるような石が
見付かりません！！

そこにあったのは、大きすぎる石。
少し歩いて探しますが、小さくてもゴツゴツした石。
マメ助が探しているような、丸くて、焼いた芋を傷
付けないような石がありません。

川では、石焼き芋用の石は見付けることはできない
のでしょうか。
真実はいつも……多分１つです。

ちなみにマメ助がおとずれた川はこの辺りです。
東京都の奥多摩を流れる川です。

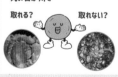

石焼き芋で使うような丸い石は川で取れる？ 取れな
い？ みんなで考えてみましょう。

単元名: _____

月　　日(　　)　5年　　組(　　　　　　　　　)

川で丸い石を取ろうとしたマメ助

取れる? どんなところで? 取れない? ではこの石はどこで?

自分の考え

何でそう思ったのかな? (理由)

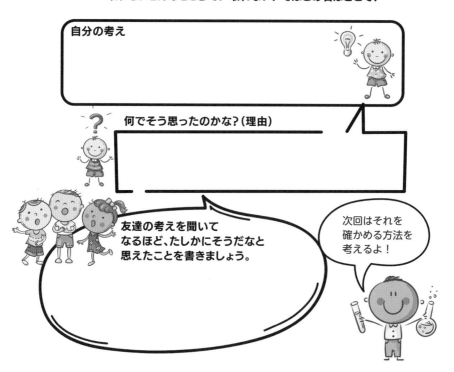

友達の考えを聞いて
なるほど、たしかにそうだなと
思えたことを書きましょう。

次回はそれを
確かめる方法を
考えるよ!

予想される児童の反応

どんなことが考えられましたか？

取れる！川で見たことあるよ！

取れない！機械で削ってるんじゃないかな

ここがポイント
地球領域で働かせたい「理科の見方」は「時間的・空間的」な見方。
その見方が引き出せるように問い返しをする。

問い返し

川で見たことがある人？

はーい!!!

ということは……川って場所によって石の種類が違うのかな？

水切りして遊ぶとき平たい石がとても丸かったなあ

確かに水切りするときの石は焼き芋の石に似ているかも！

なるほど‼ 水切りの石が見付けられる川と見付けられない川……何が違うのでしょう？

そもそも石って何でしょう？

う〜ん……石って最初は大きな岩なんじゃないかな？

きっとそうだよ！！機械でって言ってたけど自然に削られてだんだん丸くなるんじゃない？

ということは下流の方が丸いのでは⁉

「流れる水の働きと土地の変化」
指導計画例

※教科書と関連させて計画する。

予想や仮説を立て　実験方法を考える

①
スライドと台本と「予想される児童の反応」を見て授業する。

②③
川の上流中流下流の様子を調べ、石の形や水量、流速に着目してまとめる。

④
流れる水の働きについて調べる方法を考え、計画を立てる。

実験で確かめる

⑤⑥⑦
流れる水の量とその働きの関係を実験によって調べる。

⑧⑨
川を流れる水の量が増えると、土地の様子はどのように変化するのかを調べる。

⑩
防災
「洪水への備え」を行う。

学習をまとめる

⑪
・川の上流と下流によって、川原の石の大きさや形に違いがある。
・流れる水には、土地を侵食したり、石や土などを運搬したり堆積させたりする働きがある。
・雨の降り方によって、流れる水の量や速さは変わり、増水により土地の様子が大きく変化する場合がある。

生かす

⑫
ニュースキャスターや気象予報士になって、洪水の防災について注意喚起する動画を撮り、Microsoft の Flip などで output させる。

単元名:

月　日(　　)　5年　　組(　　　　　　　)

流れる水の働きを調べよう。

予想　流れる水には……

調査　川のモデルを作って、水の働きについて実験で確かめましょう。

内側　外側

外側　内側

結果　流れる水には……

考察

単元名:＿＿＿＿＿＿＿＿＿＿＿＿＿＿＿＿＿＿＿＿＿＿＿＿＿＿＿＿＿

月　　日(　　)　5年　　組(　　　　　　　　　)

流れる水の量と土地を変化させる様子の関係を調べよう。

予想　流れる水の量が増えると……

調査　川のモデルを作って、水の量と働きについて実験で確かめましょう。

多い　　　　　　　少ない

外側　　内側　　　　外側　　内側

結果　流れる水の量が増えると……

考察

「もののとけ方」
粒子領域

質的
実体的

理科の見方

編集して
使用したいとき
※Canvaへの
サインインが必要

編集せず
そのまま使用する
（サインイン不要）

Canva

指導事項

物が水に溶けても水と物とを合わせた重さは変わらないこと、物が水に溶ける量には限度があること、物が水に溶ける量は水の温度や量・溶ける物によって違うこと、この性質を利用して溶けている物を取り出すことができることについての理解を図るとともに、観察、実験などに関する技能を身に付けること。

物の溶け方について追究する中で、溶け方の規則性についての予想や仮説を基に、解決の方法を発想し表現すること。

今日もマメ助と問題を見付けていきます。
さて今日のお話は、マメ助を助けて〜極上かき氷が食べたいの巻〜です。
マメ助は一体どんなことに困っているのでしょうか。
はじまりはじまり〜！！

自然が大好きなマメ助は、生き物が生き生きと活動する春や夏も好きですが、実った生き物を美味しくいただける秋も大好きなのです。
みなさんは、好きな秋の食べ物はありますか？
マメ助の次のねらいは……

洋梨です。日本の梨とは形が違いますね。
ラフランスという名前で売られることもあります。
食べたことある人いますか？
マメ助は、その香りと味に病みつきになり、他の季節にも食べられたらいいのになと思っています。

そしてもう1つ、マメ助には忘れられない夏の味があります。
それは、本物のイチゴを使った生シロップのかき氷です。最近は、1つ1000円以上もするかき氷も売っていますね。果物をすりおろした本物のシロップです。

しかし、考えてみましょう。
イチゴの旬はもともと春。クリスマスに合わせて農家さんが工夫して12月ごろから販売されます。夏には売っていません。そこでマメ助は、春のうちにシロップが作られて冷凍されたのだと考えました。

それならと、マメ助はいいことを思いついたようです。今が旬の洋梨も、シロップにして冷凍しておけば、来年の夏には、極上の美味しい洋梨かき氷が食べられると考えました。

さっそくマメ助はレシピを調べました。
どの果物でも作り方はそれほど変わらず、
同じ量の果物と白蜜をミキサーにかけるだけでできるようです。

簡単にできそうだと喜んだマメ助。
さっそく白蜜を買いに、スーパーに行きました。

しかし事件です！！
探しても探してもスーパーに白蜜が売っていないのです。
店員さんに聞いたところ、白蜜は夏にしか店頭に置かないそうです。これは大変です！

こうなったら、自分で作れないものかと再び調べてみました。すると白蜜の作り方もありました。
どれどれ……水に2倍の重さの砂糖を溶かすのかあ。砂糖があればいいんだからすぐにできるね！

いや待てよ！！！
マメ助がビックリしています。
水の2倍の重さの砂糖が水に溶けるなんてことあるのでしょうか。マメ助はみんなの意見が聞きたいようです。

さて、このレシピ通りに白蜜が作れるのでしょうか。
真実はいつも……多分1つです。

ここまでのお話を整理しましょう。
考えたいことは、
①水の2倍の重さの砂糖が水に溶けるのか。
②溶けるなら、150gの白蜜を作るのに必要な水は何mLで、砂糖の量は何gなのでしょう。

さて考えられましたか？
重さ50gの50mLの水だと、2倍は100gの砂糖ということになり、合わせて150gの白蜜ができると計算できますね。見てください、このスティックシュガー1本3gなので、33本以上溶けるなんてことがありますか。

もし溶けたとしたら、砂糖の粒は目に見えなくなったわけです。
それでも50g＋100gで150gになっているのでしょうか。
ワークシートに自分の予想を書いてみましょう。

単元名: _____

月　　日(　　) 　5年　　組(　　　　　　　　　)

白蜜を作りたいマメ助

生シロップの作り方
果物150g
白蜜150g
をミキサーにかける

白蜜の作り方
水に
水の2倍の重さの
砂糖をとかす。

さて考えなければいけないことは……
① 水の重さの2倍の砂糖がとけるのか。
② もしとけるなら、150gの白蜜を
　作るために、水は何ml必要で、
　砂糖は何g必要なのか。
　　　　　　　　※ 水1ml=?g

自分の考え

50mlの水

100gの砂糖

1本3gのスティックシュガー
33本以上

※水の重さは 50g

何でそう思ったのかな?(理由)

友達の考えを聞いて
なるほどと思ったことを
書きましょう。

次回はそれを
確かめる実験方法
を考えるよ!

予想される児童の反応

聞いてみましょう。溶けると思う人？

溶けると思う！

溶けないと思う！

ここがポイント
子どもは「溶ける」「溶けない」の二択以外に、詳しい説明を話したがる。
まずは二択で挙手させてから、説明させるとよい。

問い返し

棒でかき混ぜたら溶けると思うよ。

何でそう思うの？

お風呂の入浴剤は混ぜるとすぐ溶けたから！

なるほど！
他にも同じような経験した人いる？

料理の手伝いをしたときに醤油に砂糖がなかなか溶けなかったけどかき混ぜたら溶けたよ！

そういえばカップスープもよく混ぜる！

「ねる〇〇ねるね」もよく混ぜる！！

そうか！
ただ砂糖を入れるだけでは溶けないこともありそうだね

僕は温めないと全ては溶けないと思うよ

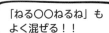

そういえば
アイスコーヒーにはガムシロップでホットコーヒーには砂糖が付くのは冷たいと溶けにくいからだって言ってた！

では整理しましょう。次の4つから選んで予想してね。
①入れればそのままで全て溶ける。　②かき混ぜれば全て溶ける。
③さらに温めれば全て溶ける。　④何をしても全ては溶けない。

「もののとけ方」指導計画例

※教科書と関連させて計画する。

予想や仮説を立て　実験方法を考える

① スライドと台本と「予想される児童の反応」を見て授業する。

② 実際に50mLの水に100gの砂糖を溶かし、電子天秤で溶かす前と後の重さを比べる。

③ 物が水に溶ける量には限りがあるかを調べる方法について、計画を立てる。

実験で確かめる

④⑤ 物が水に溶ける量を、条件を整えて調べる。

⑥⑦ 水の量や水溶液の温度を変えたときの物が水に溶ける量を、条件を整えて調べる。

⑧⑨⑩ 水の量や水溶液の温度と、溶けている物が出てくることを関係付けて調べる。

学習をまとめる

⑪
- 物が水に溶けても、水と物とを合わせた重さは変わらない。
- 物が水に溶ける量には、限度がある。
- 物が水に溶ける量は水の温度や量、溶ける物によって違う。
- 溶けている物を取り出すことができる。

生かす

⑫ 温度によって溶ける量の変化が大きいミョウバンを用いて、大きな結晶づくりに挑戦する。

単元名: _____

月　　日(　　)　5年　　組(　　　　　　　　　)

ものが水にとける量には限界があるか調べよう。

予想　食塩とミョウバンが50mLの水にとける量は……

調査　食塩とミョウバンが50mLの水にとける量を確かめましょう。

食塩			ミョウバン		
変える条件			変える条件		
変えない条件			変えない条件		
とけた量			とけた量		
結果	g	g	結果	g	g

結果　食塩とミョウバンが50mLの水にとける量は……

考察

単元名:

月　　日（　　）　5年　　組（　　　　　　　　　）

一度とけたミョウバンは取り出せるのだろうか。

予想　一度とけたミョウバンは……

調査1 温めてとかしたミョウバン水よう液を冷やしましょう。

変える条件		
温度		
様子		

調査2　ミョウバン水よう液をじょう発させましょう。

蒸発皿の様子

結果　一度とけたミョウバンは……

考察

「ふりこの動き」
エネルギー領域

**量的
関係的**

理科の見方

編集して
使用したいとき
※Canvaへの
サインインが必要

編集せず
そのまま使用する
（サインイン不要）

Canva

指導事項

ふりこが1往復する時間は、おもりの重さなどによっては変わらないが、ふりこの長さによって変わることについて理解を図るとともに、観察、実験などに関する技能を身に付けること。
ふりこの運動の規則性について追究する中で、ふりこが1往復する時間に関係する条件についての予想や仮説を基に、解決の方法を発想し、表現すること。

今日から新しい単元の学習です。
今日は……マメ助と一緒に！〜サスケを攻略せよの巻〜です。みなさん、テレビでサスケって見たことがありますか？　どんなお話になるのでしょうか、はじまりはじまり！

ある休みの日。弟のマメ太の誕生日が近いので、弟を喜ばせたいとワクワクしているマメ助。
しかし、あまり良いアイディアが思い付かないようです。

そのまま数日が経過したある日、テレビを見ながら良いアイディアが思い付いたようです。
マメ太と遊ぶものを作ろうとしてますね。

「じゃーん！！ ターザンロープの下におもりを付けたものを用意したよ！！ サスケみたいにこの間を通れるかやってみようよ！！」
マメ助は面白そうなものを考えました。
これはマメ太も喜びそうですね。

マメ太を呼んで披露するときがやってきました。
「何これ！！ すごーい！！ 楽しそうだね！ 早くやろうよー！」
マメ太もワクワクしています。さっそく、おもりを揺らしてマメ太が通り抜けられるかチャレンジです。

※※アニメーションでふりことマメ太が動く※※
しかし事件です！！
おもりがゆぅ〜っくり動くので、あっという間にマメ太が通り抜け、ドキドキもしません。残念！！

これでは、ステキな誕生日プレゼントになりません。
この遊びをもっと楽しくすることはできないでしょうか。
真実はいつも……多分1つです。

マメ助と弟のマメ太が楽しく遊ぶためには、どうすればいいでしょうか。
そう、おもりのスピードを上げればいいですね！

では、どうすればひもにぶら下げたおもりのスピードを上げることができるでしょうか。
考えてみましょう。

単元名:_____

月　　日(　　)　5年　　組(　　　　　　　　)

おもりのスピードを速くしたいマメ助

ひもにおもりを付けて
実際に動かしながら考えてみよう。

どうすればおもりが行き来するスピードを速くすることができるでしょうか。

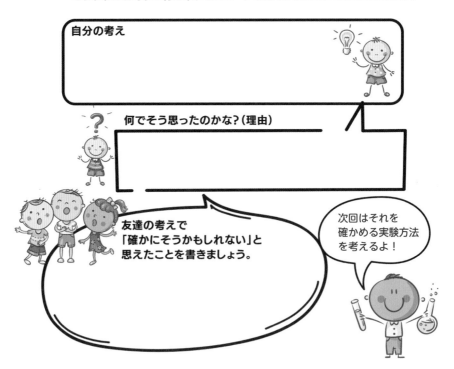

自分の考え

何でそう思ったのかな?(理由)

友達の考えで
「確かにそうかもしれない」と
思えたことを書きましょう。

次回はそれを
確かめる実験方法
を考えるよ!

予想される児童の反応

ワークシートにどんなことが書けましたか？

なるべく後ろの方からおもりを離せばいい

おもりを重くすればいい

ロープの長さを変えればいい

いきおいよくおもりを揺らせばいい

ロープの長さをどう変えれば速くなるの？

ここがポイント！
教科書にない予想が子どもから出てくる。さあどうする？

う～ん
長くかな短くかな……

やらせてみればいい。実際にやってみればいきおいは失速することが分かる。そこで初めて子どもは「失速した後に通ればいいからつまらなさは変わらないな」と納得するのだ。

自分が予想したことを試してみよう
どんなことが分かるかな

近くで手を離すより遠くで手を離した方が速かった！

おもりを増やすと速くなったよ！

いきおいよくやると最初は速いけどだんだん遅くなった

えっ待って！僕のはおもりを増やしても変わらなかったよ！

ひもが長いと遅くなるね！

人によって感じ方が違うようね
次の時間に、どんな実験をすれば正しく確かめられるか考えましょう

IMPORTANT

あえて、一人一人の捉え方に「違い」が出るような活動を取り入れることで、実験を行う必然性を生じさせる。次時では、様々な条件を同時に確かめることはできないことに着目させ、「条件制御」を押さえる。また、ふりこそのものの速さではなく、「1往復にかかる時間」で比べることを確認する。

「ふりこの動き」指導計画例

※教科書と関連させて計画する。

予想や仮説を立て　実験方法を考える

1 スライドと台本と「予想される児童の反応」を見て授業する。

2 変える条件・変えない条件を確認し実験方法を検討する。

3 「1往復の時間」を計る方法を理解させ、誤差について教える。

実験で確かめる

4 ふりこの1往復する時間は、おもりの重さによって変わるか実験によって明らかにする。

5 ふりこの1往復する時間は、ふりこの長さによって変わるか実験によって明らかにする。

6 ふりこの1往復する時間は、ふりこの振れ幅によって変わるか実験によって明らかにする。

学習をまとめる

7
・ふりこが1往復する時間は、おもりの重さや振れ幅によっては変わらないが、ふりこの長さによって変わる。
・第1時で使用した手持ちのふりこを使って、長さを変えるだけで、いろいろな曲に合わせてふりこでリズムをとれることを全員で確かめる。

生かす

8 一人1つのふりこを使って1秒時計を作り、「30秒ぴったんこカンカンコンテスト」を実施する。※児童によって1秒以外も可能。

単元名: _____

月　　日(　　)　5年　　組(_____)

ふりこの1往復する時間は、おもりの重さによって変わるか実験によって明らかにしよう。

予想　おもりの重さを重くすると(しても)ふりこが1往復する時間は……

条件

変える条件

変えない条件

調査　10往復の時間÷10をして10分の1の位までのがい数を記入

	1回目	2回目	3回目
g			
g			
g			

結果　おもりの重さを重くすると(しても)ふりこが1往復する時間は……

考察

単元名:

　月　　日(　　)　　5年　　組(　　　　　　　　)

ふりこの1往復する時間は、ふりこの長さによって変わるか実験によって明らかにしよう。

予想　ふりこの長さを長くすると(しても)ふりこが1往復する時間は……

条件

変える条件

変えない条件

調査　10往復の時間÷10をして10分の1の位までのがい数を記入

	1回目	2回目	3回目
cm			
cm			
cm			

結果　ふりこの長さを長くすると(しても)ふりこが1往復する時間は……

考察

単元名: _____

月　日(　)　5年　組(　　　　　　　　　)

ふりこの1往復する時間は、ふれはばによって変わるか実験によって明らかにしよう。

予想　ふれはばを大きくすると（しても）ふりこが1往復する時間は……

条件

| 変える条件 |
| 変えない条件 |

調査　10往復の時間÷10をして10分の1の位までのがい数を記入

	1回目	2回目	3回目
度			
度			
度			

結果　ふれはばを大きくすると（しても）ふりこが1往復する時間は……

考察

「電磁石の性質」
エネルギー領域

量的
関係的

理科の見方

編集して
使用したいとき
※Canvaへの
サインインが必要

編集せず
そのまま使用する
（サインイン不要）

Canva

指導事項

電流の流れているコイルは鉄心を磁化する働きがあり、電流の向きが変わると電磁石の極も変わること、電磁石の強さは電流の大きさや導線の巻数によって変わることについての理解を図るとともに、観察、実験などに関する技能を身に付けること。

電流がつくる磁力について追究する中で、電流がつくる磁力の強さに関係する条件についての予想や仮説を基に、解決の方法を発想し、表現すること。

マメ助と楽しもう
手作りおもちゃを作るんだの巻

今日から新しい単元の学習です。
今日は……マメ助と楽しもう〜手作りおもちゃを作るんだの巻〜です。楽しいおもちゃが作れるといいですね！マメ助に協力してあげてください。

お正月も終わり、冬らしい日々……

今年も
植物栽培に昆虫採集に実験!!
今年もめいっぱい楽しむぞ〜!!

お正月も終わり、冬らしい日々が続きます。
マメ助は新年の目標を立てたようですね。
どれどれ……植物栽培や昆虫採集、実験、マメ助の興味はふくらむばかりです。

ある日のこと…
生き物の活動が少ない冬ですが
実はマメ助には植物栽培や昆虫採集以外にも好きな事があります。
それは……

普段見られないものが
いっぱい見られて楽しい!!!

工場見学

さて、ある日のこと。
生き物の活動が少ない冬ですが、実はマメ助には植物や昆虫以外にも好きなことがあります。
それは工場見学！！ 普段見られないものがいっぱい見られて嬉しいのですね。

そして今回、マメ助はある場所の工場見学に行けることになりました。それは……リサイクル工場です。みなさんも4年生のとき、社会の時間で学習しましたね。どのように回収されて、他の物に変わっていくのか、想像がふくらみます。

ワクワクしながらリサイクル工場に出かけたマメ助。そこでこんなものを見かけます。(動画再生)大きな機械が活躍していますね！マメ助にはとても気になった機械がありました。

それはこの機械。磁石の力で、鉄が集められているようです。鉄は磁石に引き付けられるから、他のものと区別できて便利です。でも、普通の磁石は一度付いたら離すのが大変なのに、この機械は、別の場所に運んだら、付いていた鉄が一気に離れました。すごい！

家に帰ってからも、リサイクル工場で見た鉄くずの分別の仕組が忘れられないマメ助。その仕組を使って、おもちゃ作りに挑戦しました。そのおもちゃとは、魚釣りゲーム。普通の魚釣りゲームは魚を手で離さなければならないけれど、この仕組を使えば、釣れた魚を自動で落とすことができそうです。

しかし事件です！！ 磁石が弱くて魚が持ち上がりません。みなさんもやってみましょう。

※磁力は感じるが、魚が持ち上がらない程度の弱さの電磁石と魚を班に1つ程度配布する。

このおもちゃで楽しむためには……そうですね。磁石の力をもっと強くすれば良いのです。さあ、どうしたら磁石の力を強くできるでしょう。真実はいつも……多分1つです。
※一人1つ基本の電磁石を作る。

単元名: _____

月　日(　　)　5年　　組(　　　　　　　)

磁石の力を強くしたいマメ助

磁石の力を強くできないかな……

真実はいつも
たぶん1つ

実際に作ってから考えてみよう!!

どうすれば磁石の力を強くすることができるでしょうか。

自分の考え

何でそう思ったのかな?(理由)

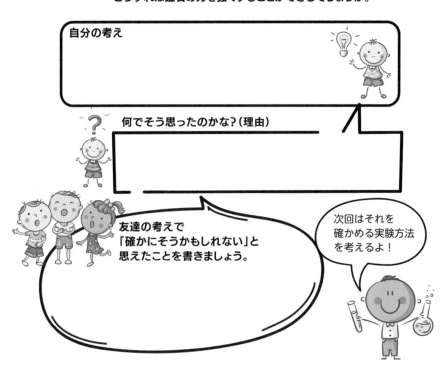

友達の考えで
「確かにそうかもしれない」と
思えたことを書きましょう。

次回はそれを
確かめる実験方法
を考えるよ!

予想される 児童の反応

どんなことが
考えられましたか？

電池を
増やせばいい

鉄を太く
できる

巻く数を
増やせばいい

導線も
太くできそう

ここがポイント
エネルギー領域で働かせたい「理科の見方」は
「量的・関係的」な見方。しかし、電流は目には見えない
ため、「実体的」な見方も働くようにしたい。

問い返し 電池を増やす

電池が増えると何が増えるの？

う〜ん
電気かな？？

電気って見えないけど……

流れる電気の量じゃない？
見えないもののときは
絵に描くとよかったね

僕は電気の速さだと
思うな。僕はそれを絵に
描いてみよう

4年生の「空気」「水」の変化も絵に描い
たね！ すごく分かりやすそう！

導線を太くするのはなぜ？？

そっかぁ！
太いからその分
たくさん電気が
流れるんだよ！

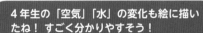

電流がどのように
流れるかが磁石の強さに
関係してきそうだね！

「電磁石の性質」指導計画例

※教科書と関連させて計画する。

予想や仮説を立て　実験方法を考える

1 スライドと台本と「予想される児童の反応」を見て授業する。

2 3 基本の電磁石を作り、電磁石と磁石の性質を比べ、極を変える方法を理解する。

4 電磁石が鉄を引き付ける力を強くする方法について、実験で確かめる計画を立てる。

実験で確かめる

5 6 電流の大きさと電磁石の強さの関係を条件を整えて調べる。

7 8 コイルの巻数と電磁石の強さの関係を条件を整えて調べる。

9 条件を重ねたり、導線・鉄心を変えたりと、予想や仮説に基づいて条件を整えて調べる。

学習をまとめる

10

・電流の流れているコイルは、鉄心を磁化する働きがあり、電流の向きが変わると、電磁石の極も変わる。

・電磁石の強さは、電流の大きさや導線の巻数によって変わる。

生かす

11 電磁石を強くする条件を基に、第1時で使用した魚釣りゲームを楽しむ。

単元名: _____

月　　日(　　)　5年　　組(　　　　　　　　　　)

電流の大きさと電磁石の強さの関係を調べよう。

予想　電磁石の強さは、電流の大きさ……

条件

変える条件

変えない条件

調査　実験で確かめよう。

電流	1回目	2回目	3回目

結果　電磁石の強さは、電流の大きさ……

考察

単元名:

月　日(　　)　5年　　組(　　　　　　　　　)

コイルのまき数と電磁石の強さの関係を調べよう。

予想　電磁石の強さは、コイルのまき数……

条件

変える条件

変えない条件

調査　実験で確かめよう。

まき数	1回目	2回目	3回目

結果　電磁石の強さは、コイルのまき数……

考察

単元名: _____

月　　日(　　)　5年　　組(　　　　　　　　)

自分が考えた「電磁石をより強くする方法」を確かめよう。

予想

条件

変える条件

変えない条件

調査 実験で確かめよう。

	1回目	2回目	3回目

結果

考察

「人のたんじょう」
生命領域

理科の見方

共通性
多様性

編集せず
そのまま使用する
（サインイン不要）

編集して
使用したいとき
※Canvaへの
サインインが必要

Canva

指導事項

人は、母体内で成長して生まれることについての理解を図るとともに、観察、実験などに関する技能を身に付けること。

動物の発生や成長について追究する中で、動物の発生や成長の様子と経過についての予想や仮説を基に、解決の方法を発想し、表現すること。

今日から新しい単元の学習です。
今日は……マメ助に教えてあげて〜赤ちゃんがおなかの中にいるんだっての巻〜です。マメ助はどんなことが気になっているのでしょう。はじまりはじまり！

ある日のこと、公園で久しぶりに近所のリカさんに会いました。元気よく挨拶したマメ助ですが、リカさんは何か報告があるようです。

その報告とは、赤ちゃんができたという報告でした！
マメ助も大喜び！ 小さい頃からお世話になっていたお姉さんの嬉しいニュースに心を躍らせています。

リカさんの報告を聞いて以来、ワクワクが止まらない日々を過ごすマメ助。どうやら一緒に遊べることを楽しみにしているようです。男の子か女の子か気になっていますね。

公園に行ってもしばらくリカさんに会えない日々が続きました。
心配になったマメ助は、リカさんの家を訪ねてみることにしました。

しかし事件です！！
いや、皆さんにとっては事件ではないのですが、マメ助にとっては衝撃的な事件です！
リカさんのおなかがあまりに大きくて、びっくりしています！

さて、マメ助は人間の赤ちゃんがどのように育って、どのように生まれてくるのかさっぱり分かりません。
だから、おなかが大きいことにも不安で、リカさんへどのような声をかければよいか悩んでしまっています。

そこでマメ助は知っていることを復習しました。
植物は？？？
メダカは？？？

では、あんなに大きくなったおなかの中は一体どのようになっているのでしょう。
絵を描いて、マメ助に説明してあげてください。
真実はいつも……多分1つです。

単元名: _____

月　日(　　)　5年　　組(　　　　　　　　)

お腹の中が心配なマメ助

あんなに
お腹が大きくなったけど
中はどうなっているんだろう？

真実はいつも
たぶん1つ

お腹の中の様子を絵にかいて、友達に説明しましょう。

生まれる [　　　] 日前

生まれる直前

友達の考えを聞いて
「確かにそうかもしれない」と
思うことを書きましょう。

次回はそれを
調べる計画を
立てよう

予想される児童の反応

どんなことが考えられましたか?

こんなふうに描いてみたよ

なんか宇宙人みたいだね

ここがポイント
生命領域で働かせたい「理科の見方」は
「共通性・多様性」の見方。
その見方が引き出せるように問い返しをする。

問い返し

友達が描いた絵との違いを見付けましょう。

あれ? 人によって向きが違う

頭が下だって聞いたことがあるよ
でも何でだろう

へその緒っていうホースみたいなのでつながっているよ

インゲンマメの発芽やメダカの赤ちゃんと比べて考えてみよう。

お腹の中にどのくらいいるんだろう
どんどん大きくなるよね

じゃあ、お腹の中で成長するエネルギーはお母さんからもらえるのかな

メダカやインゲンマメは受精や受粉したら親と離れるでしょう
人間はずっと一緒だね

お腹の中でどのように育つのかと成長のエネルギーのなぞを解決しましょう。

「人のたんじょう」指導計画例
※教科書と関連させて計画する。

予想や仮説を立て　実験方法を考える

1
スライドと台本と「予想される児童の反応」を見て授業する。

2
人の母体内での成長の様子について調べ、発表し合う計画を立てる。

実験で確かめる

3 4
図書資料やインターネットなどを活用して調べる。

5 6 7
プレゼンテーションソフトや Flip を使用して、分かりやすく発表する。

※児童自身の母体内の超音波写真などを持ってこさせることについては、様々な家庭環境があるため、慎重に検討する必要がある。

学習をまとめる

8
・人は、母体内で成長して生まれる。

生かす（発展）

Canva のインフォグラフィックなどを使い、共同編集でいろいろな動物の誕生までの物語をまとめさせる。

👁 **調査** テーマを決めて、調査を開始しましょう。

母体内での変化

成長のエネルギー

出産

生まれてから

メダカと比べる

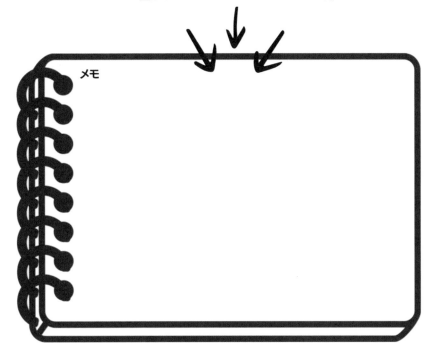

メモ

単元名:

月　　日（　　）　5年　　組（　　　　　　　　　　）

友達の発表から分かったことをまとめよう。

_____　について

_____　について

_____　について

_____　について

結果　人の赤ちゃんは……

考察

調査 自分が興味をもった生き物を選んで、調査しましょう。

生まれるまでの変化

成長のエネルギー

生まれるとき

（　　　　　）
のたんじょう

生まれてから

メダカや人と比べる

メモ

おわりに

ただ目の前の笑顔のために

ただひたすらに感謝

　「はじめに」でも申し上げたように、本書は「若手との伴走」から生まれた手だてを紹介したものです。本当にありがたいことに、私に対して授業を見せたり、私の授業を見たり、授業の相談をしてくれたりする後輩、切磋琢磨できる同僚がこれまでにたくさんいました。特に、現在神奈川県に勤める松野捺教諭は、私がどんなに忙しくしていても、まさに今帰るというタイミングでも、相談してきました（笑）。松野さんは「今年は理科の勉強がしたい。」などと1年ごとに自己研鑽の柱を決めてぶつかってきました。そこで私が、理科ではキャラクター仕立てで導入をしていることを伝え、フィードバックを重ねながらブラッシュアップしていったのが本書の実践です。

　私自身は、ただ目の前の子どもたちの「分かる」「できる」「楽しい」「友達と『違う』って素晴らしい」を叶える授業を求め続けてきました。それが、私の目の前の子どもたちだけにとどまらず、同僚の目の前の子どもに広がり、さらには、日本のどこかの子どもたちの笑顔になるのかもしれないと思うと、もうただひたすらに感謝の気持ちしかありません。

　今、日本の教育が報道されるとき、暗い話題が多くを占めています。SNSでも、ネガティブな発信が目立ちます。私はこれまで、学校を離れた場で自分の実践を発信することはありませんでした。しかし、現役教員によるネガティブな発信を目にする度に、心から悲しい気持ちになりました。そして、どんなに小さくても「教員はいいぞ。」という波を起こしたいという欲を押さえられなくなりました。

　そんな中、坂本良晶先生に出会い、EDUBASEという教育サークルに所属する中で、学芸みらい社の編集者である阪井様とのご縁をいただき、私の欲が一番正しい形で放てるように導いてくださいました。良き出会いが良き未来を創ると信じることができました。本書を読んでくださったあなたとの出会いが、子どもの笑顔と良き未来につながることを祈り、お礼に代えさせていただきます。またお会いしましょう。

参考文献

大﨑雄平『はじめての理科専科』東洋館出版社、2023年

筑波大学附属小学校理科教育研究部編著『筑波発「わかった!」をめざす理科授業』

東洋館出版社、2015年

鳴川哲也『理科の授業を形づくるもの』2020年

森田和良編、日本初等理科教育研究会著『小学校理科アクティブ・ラーニングの授業展開』

東洋館出版社、2016年

レイチェル・カーソン著、上遠 恵子訳『センス・オブ・ワンダー』新潮社、2021年

◎著者紹介

生井光治（なまい・みつはる）

1983年生まれ。
2006年より東京都公立小学校教諭。マイクロソフト認定教育イノベーター、EDUBASE CREW。3児の父、野菜ソムリエ。
地道に、ただ地道に目の前の子どもたちの目がいかに輝くかについて一瞬一瞬向き合い、実践を積み重ねる。
33歳より担任と教務主任を兼務し、すべての教員が持続可能な職場環境を目指して働き方改革を推進。
その実践やアイデアはX（https://twitter.com/backnamchildren）で定評がある。

教師・子どもワクワク！
小学5年理科 全単元スライド&ワークシート

GAKUGEI MIRAISHA

2024年4月5日　初版発行

著　者　生井光治
発行者　小島直人
発行所　株式会社 学芸みらい社
　　　　〒162-0833　東京都新宿区箪笥町31番　箪笥町SKビル3F
　　　　電話番号 03-5227-1266
　　　　https://www.gakugeimirai.jp/
　　　　e-mail : info@gakugeimirai.jp
印刷所・製本所　株式会社 暁印刷
企　画　阪井一仁
校　正　由井千明
装丁デザイン　SHIRONAGASU WORKS
本文組版　小沼孝至

ISBN978-4-86757-045-6 C3037